Cubierta y diseño editorial: Éride, Diseño Gráfico
Dirección editorial: Ángel Jiménez

Primera edición: marzo, 2025

Hipnosis y creatividad sexual
© Jorge Cuadros y Magali Vargas
© Del prólogo: Silvia Pérez Martínez
© éride ediciones, 2025
Espronceda, 5
28003 Madrid

éride ediciones

ISBN: 979-13-87643-19-5
Depósito Legal: M-5354-2025

 Este libro protege el entorno

Hipnosis
y
creatividad sexual

Magali Vargas, es Licenciada en Educación y destacada hipnóloga. Junto a Jorge Cuadros es cocreadora del método hipnótico metaFour-A® y coautora del libro Hipnosis y la Biología del Bienestar (2021). Es autora también de los libros Con las manos en el Tarot (2022) y Con las manos en la Magia (2023), fruto de más de treinta años de investigación, en los que explora el uso de la cartomancia como una herramienta de autoconocimiento y desarrollo creativo y en los que presenta su novedosa propuesta del Proceso Creativo del Tarot.

Jorge Cuadros, es Doctor en Ciencias Biológicas, Máster en Hipnosis Clínica y Embriólogo Clínico Senior. Lleva más de cuarenta años escribiendo sobre ciencia y divulgación científica. Ha coordinado la edición de los cinco libros publicados por la Sociedad Hipnológica Científica, cuya revista científica dirige. Con Magali Vargas ha escrito el libro Hipnosis y la Biología del Bienestar sobre el método hipnótico desarrollado por ambos, metaFour-A®. Recientemente ha publicado su primera obra de teatro.

JORGE CUADROS Y MAGALI VARGAS

Hipnosis

y

creatividad sexual

éride ediciones

Índice

Prólogo

La semana pasada estaba en la biblioteca buscando información para documentar un texto. Estaba prácticamente vacía porque se me hizo tarde. Cuando encontré el libro que buscaba me sobresaltaron unos ojos al otro lado de la estantería. Parecía el inicio de una peli de terror si no fuera porque del susto me dio un ataque de risa y contagié al supuesto fantasma. Se trataba del conserje, venía a decirme que era hora de cerrar.

Nos siguió una animada conversación, le conté mi pasión por los libros viejos y debió ver tanta ilusión en mis ojos que me ofreció:

—¿Quieres ver la habitación acolchada?

—¿Qué?

Mi cara fue un poema y después de reírnos me explicó:

—La llamamos así por sus paredes, pero simplemente es una habitación que resguarda los libros antiguos de la atmósfera exterior

Y allí nos dirigimos…

Efectivamente, cuando entré comprendí el nombre que le daban, era como si un sillón orejero se hubiera convertido en habitación. Sus techos eran altísimos y el único mobiliario que había eran vitrinas bajas que contenían joyas de la literatura. Y no me preguntes por qué, pero aquello me resultó de lo más sugerente.

Nos miramos.

Acarició mis manos con las suyas y noté una especie de corriente suave por mi cuerpo. Cuando la onda llegó a las piernas, los pies se empezaron a despegar del suelo. ¡Wow! Por increíble que parezca no había gravedad en aquella habitación. Nuestros cuerpos empezaron a flotar por el espacio. Nos soltamos las manos y cada vez que intentábamos acercarnos nuestros cuerpos resbalaban escapándose. Aun así, la excitación era tal que nuestros cuerpos se buscaban, se atraían como si fuésemos el polo norte y sur de dos imanes. Él se impulsó desde la pared tan fuerte hacia mi cuerpo que quedó apoyado sobre una de las paredes acolchadas y pude oler su cuello, aquel aroma me encendió como una cerilla contra el asfalto y empezó el baile.

Me agarré a su espalda y desde atrás desabroché su camisa, pero al quitársela nos soltamos y dimos vueltas por la habitación. Nunca pensé que hacer el pino en el aire pudiera ser tan excitante. Tras una voltereta me agarró el tobillo, lo sostuvo firme para que la gravedad cero no le impidiera seguir disfrutando del resto de mi cuerpo como de un helado en pleno julio.

Seguimos besándonos y quitando ropa entre risas al ver cómo todo flotaba por toda la sala.

Recuerdo besarnos lento y con la misma delicadeza que tratábamos aquellos libros.

El resto se puede resumir en besos, caricias y el mayor éxtasis que he podido experimentar en mi cuerpo. Ondas de placer por cada poro de mi piel difíciles de olvidar.

Lo más increíble de todo es que todo esto lo he vivido sin moverme de mi sofá, desde mi yo no consciente. No hay límite. Disfruta del viaje que tu mente tiene preparado para ti, comenzando con estas metáforas.

En mi experiencia como sexóloga, a menudo las personas que acompaño en consulta tienen un deseo erótico que desconocen, debido a la educación sexual recibida que demasiadas veces contiene trazas de represión. Este libro que tienes en tus manos es una muy buena herramienta para desbloquear todo el placer que tu mente y tu cuerpo pueden proporcionar. ¡Que lo disfrutes!

Silvia Pérez Martínez
Sexóloga

Prefacio

Cuando publicamos nuestro primer libro *Hipnosis y la Biología del Bienestar* pensamos incluir entre las metáforas seleccionadas una muy potente que utilizamos de forma experimental con algunas mujeres para el desarrollo de la creatividad sexual.

Sin embargo, luego pensamos que este era un tema que merecía un desarrollo amplio y decidimos dedicarle un texto específico.

Nuestro interés ha sido el desarrollo de la creatividad sexual desde un punto de vista lúdico en personas adultas sin patologías sexuales, aunque somos conscientes del potencial terapéutico de nuestro método metaFour-A® en manos de profesionales de la salud, médicos o psicólogos y, por lo tanto, incluimos en el apartado práctico metáforas potencialmente útiles para algunas patologías que pueden afectar las relaciones sexuales.

¿Por qué utilizar metaFour para desarrollar la creatividad sexual? Si preguntáramos a un grupo de personas si están satisfechas con su vida sexual, una parte de ellas dirá que sí, que están satisfechas, lo cual no significa que sea necesariamente cierto, otra parte dirá que más o menos, y una última parte dirá que está insatisfecha. La siguiente pregunta para las personas que dirían estar satisfechas sería ¿y crees que tu vida sexual podría aún mejorar?

La respuesta a la pregunta parece sencilla. Pensamos que siempre se puede mejorar. Es posible innovar, realizar cambios positivos, abrir nuevos caminos… aquello para lo que meta-Four fue creado.

Sin tapujos, sin tabúes, pensamos que las personas adultas podemos desarrollar este aspecto de nuestras vidas utilizando una herramienta potente que es la autohipnosis a través de nuestro enfoque original, metaFour.

Así que, con valor y curiosidad, atrevámonos a experimentar.

Jorge Cuadros
Magali Vargas

Introducción

Para los que hayan leído ya nuestro libro anterior y tengan clara la parte teórica de nuestro método, podrían pasar directamente a la aplicación práctica de las metáforas, en el sentido más amplio de la palabra. Sin embargo, les recomendamos la lectura rápida de la primera parte porque encontrarán información complementaria que sin duda será de interés.

Para los que entren en contacto por primera vez con metaFour-A®, de la misma manera que hicimos en *Hipnosis y la Biología del Bienestar*, desarrollaremos una primera parte teórica básica en la que explicaremos nuestro enfoque hipnótico original, con la información complementaria antes mencionada para los que ya lo conozcan y quieran repasarla, para luego, en una segunda parte práctica, desarrollar el meollo de nuestro trabajo que son las metáforas aplicables a las diferentes situaciones que se pueden presentar.

Siendo la nuestra una interpretación lúdica de la aplicación de metaFour al desarrollo de la creatividad sexual, se entiende que su uso puede ser realizado tanto a nivel individual como en pareja, sin descartar otras posibilidades...

No hay límites para la imaginación, y en autohipnosis todos los sueños y las fantasías pueden hacerse realidad, siempre dentro de la salud y el respeto al consentimiento dado si se realiza con otras personas.

Tanto los sueños como las fantasías eróticas forman parte de ese manantial de sexualidad creativa que habita en cada ser humano.

Lo maravilloso, en este sentido, es que en estado hipnótico tenemos la posibilidad de hacer realidad esas fantasías, y más aún, con metaFour podemos dirigir esa fantasía hasta la consecución de un objetivo determinado, a prueba de fallos.

Nuestra propuesta es que se embarquen en esta aventura en la que esperamos que conviertan ese hábito saludable que es la práctica de metaFour en una herramienta lúdica para disfrutar de una sexualidad sana y enriquecida por el uso de nuestro método hipnótico.

La sexualidad ha removido la historia de la humanidad desde que surgió la especie, con características distintivas que nos hacen además 'peculiares', respecto de otras especies de mamíferos. En general, en la mayoría de los animales la actividad sexual está restringida a la reproducción, mientras que son excepciones las que tienen un comportamiento lúdico respecto de la sexualidad, como ocurriría con los bonobos y los delfines. El ser humano tiene el recurso de utilizar la actividad sexual de esa forma lúdica, independiente y separada del interés reproductivo y, también a diferencia de la mayoría de los mamíferos, no depende de los ciclos ovulatorios, ya que en otras especies animales las hembras solo son receptivas en momentos específicos de ese ciclo, mientras que las mujeres lo son siempre que quieran, como los hombres.

Por supuesto, aunque hablemos de mujeres y hombres, en nuestro enfoque es irrelevante la identidad de género de las personas. Lo único importante son las ganas de disfrutar de la vida; en este caso específico, de disfrutar de nuestra sexualidad.

Por último, amables lectores, les tenemos reservada una sorpresa al final del libro. Hemos diseñado un test original que encontrarán en el anexo, al que hemos llamado «Test metaFour de creatividad sexual». Es nuestro deseo que, en el momento en que lo consideren oportuno, quizás al finalizar la lectura de la parte teórica (o si lo desean al terminar de leer esta introducción), realicen este test. Creemos sinceramente que muchas personas se sentirán sorprendidas por el resultado. Únicamente sigan las instrucciones y respondan a las preguntas en el orden en el que aparecen, una a una, sin curiosear las preguntas siguientes antes de tiempo. Háganlo. Quizás les espera una grata sorpresa.

Primera
parte

metaFour-Sex

CAPÍTULO 1

Biología y fisiología de la hipnosis

Cuando sientes la pasión y vibras con esa persona, tu candidato sexual especial, cuando cada toque de sus manos son choques eléctricos que atraviesan la piel estallando tus zonas erógenas, empieza la magia, las sirenas de los sentidos desaparecen los sonidos, las palabras brillan, los gemidos susurran bajito primero, pero la intensidad aumenta como rayos que atraviesan los cuerpos, que desprenden por los poros de la piel más y más deseo, más y más movimiento, más y más posiciones infinitas, donde la fuerza es la caricia más suave, más sutil y anhelada... No deseas que acabe jamás, y corres como poseído por un animal encelado, lleno de fluidos, en busca de su placer... Pero no corras demasiado, que todo está a punto de explotar...

Definida la hipnotizabilidad como «la capacidad de un individuo para experimentar cambios sugeridos en la fisiología, las sensaciones, las emociones, los pensamientos o el comportamiento durante la hipnosis», recordemos que alrededor de un 10 % de la población tiene una hipnotizabilidad alta, otro 10 % corresponde a las personas con hipnotizabilidad baja y el 80 % restante tiene una hipnotizabilidad media, lo que resumimos diciendo que el 90 % de la población podría ser hipnotizada sin mayor dificultad.

Es decir, la hipnotizabilidad es una característica innata del ser humano, por lo tanto, recalcamos que todos tenemos cierto grado de hipnotizabilidad.

Es importante llamar la atención sobre este detalle fundamental para nuestro trabajo con hipnosis, porque incluso la investigación científica sobre este tema ha sido poco clara. La sana intención de diseñar protocolos de investigación adecuados y serios nos ha llevado de forma paradójica a sesgos importantes que tergiversan los resultados y nos llevan a conclusiones equivocadas. Por ejemplo, nos encontramos con investigaciones serias publicadas en revistas de prestigio en las que la ausencia de una «inducción formal» de la hipnosis hace que los autores de estos estudios afirmen que los sujetos «no están en hipnosis», cuando cualquier hipnólogo experto sabe que las personas con hipnotizabilidad alta entran en hipnosis de forma espontánea en cuanto se dan las condiciones adecuadas.

Decimos que la hipnosis consiste en entrar en un estado de consciencia diferente (diferente de estar despierto y diferente de estar durmiendo) a través de la focalización de la atención en un objeto o en una idea, entrando de esta manera en contacto con el nivel subconsciente de la mente en el que se encuentran las soluciones a nuestros problemas cotidianos, de acuerdo con los postulados de Milton H. Erickson.

Desde el punto de vista fisiológico, esto se traduce en una serie de cambios que Ernest Rossi describió de forma brillante y que reproducimos del capítulo correspondiente de nuestro libro *Hipnosis y la Biología del Bienestar*:

«*Ernest Rossi propuso un modelo en el que habría cuatro niveles de comunicación mente-cuerpo. Para Rossi, mente y cuerpo son una unidad indivisible. No hay nada que afecte al cuerpo que no afecte a la mente, y viceversa, no hay nada que afecte a la mente que no afecte al cuerpo, con lo cual el dilema cartesiano se convierte en una discusión exclusivamente filosófica. El primer nivel de comunicación estaría relacionado con el mayor sistema de transducción de información entre la mente y el cuerpo, el sistema límbico-hipotalámico-hipofisario-adrenal. Todas las circunstancias de la vida, nuestras experiencias, situaciones por las que pasamos, positivas y negativas, son percibidas en última instancia en la corteza cerebral. El procesamiento que haga nuestro cerebro de estas experiencias será enviado mediante impulsos eléctricos a las neuronas del hipotálamo que, a través de la hipófisis, transformarán estos impulsos eléctricos en hormonas del sistema endocrino, que llegarán a las glándulas suprarrenales y a todo el organismo mediante la circulación de la sangre. En el segundo nivel, estas hormonas transmitirán de diferentes maneras estas señales extracelulares hacia el interior de las células de todos los tejidos de nuestro organismo, alcanzando finalmente el núcleo de las células, donde la expresión de nuestros genes será modificada por esta información. Esto significa que, dependiendo de la función de cada uno de estos tejidos y órganos, la actividad de esos genes cambiará, activando algunos de ellos o desactivando otros. En el tercer nivel, esta activación/desactivación de los genes provocará cambios en la síntesis de proteínas de las células, produciendo algunas nuevas o dejando de producir otras, lo que provocará a su vez cambios en el funcionamiento de nuestro organismo. Es importante señalar que estos cambios se producen en el orden de minutos. En el cuarto nivel, las proteínas producidas mediante esta modificación de la expresión de nuestros genes*

pueden llegar vía sanguínea hasta nuestro cerebro, atrave-
sando la barrera hematoencefálica, cerrando el círculo de
esta manera, accediendo al sistema límbico-hipotalámico y
a la corteza cerebral, provocando cambios estables en las
neuronas a través de la formación de conexiones sinápticas
nuevas, generando la plasticidad cerebral».

La hipnosis no implica mecanismos misteriosos, aun cuando todavía queda mucho por investigar para desentrañar las explicaciones celulares y moleculares relacionadas con el proceso. Sin embargo, desde el punto vista práctico, y gracias también a las numerosas contribuciones de Rossi a la investigación con la hipnosis, se desarrolló el protocolo del Proceso Creativo de 4 Estadios con Reflejo de Manos, base sobre la que creamos metaFour-A®.

CAPÍTULO 2

El Proceso Creativo de 4 Estadios

Miles, cientos de miles de hilos, juntos somos fuerza, somos tensión, esa tensión que en cada nudo penetra tu sensualidad como puñales de hielo que se derriten en tu piel... Puedes apretar un poco más mis brazos e imagino tus hilos como dedos ardiendo de pasión... ¡Oh, Soga!... sigue bajando hasta mi cintura en medio de esa danza erótica, de sensaciones orientales que me sugieren tu nombre... shibari... enrédame un poco más... roza mi piel que se abre de deseo a tu paso, que se impregna de fluidos y resbala cada vez más cerca de ese momento de estallido cuando acaricias con intensidad mis glúteos...

El Proceso Creativo de 4 Estadios con Reflejo de Manos fue diseñado por Ernest Rossi como una adaptación del proceso creativo de 4 estadios de Graham Wallas, en la que Rossi utilizó además movimientos ideodinámicos de manos. Los movimientos ideodinámicos ocurren durante la hipnosis y el sujeto hipnotizado los experimenta con una sensación de involuntariedad, aunque evidentemente es el propio sujeto el que los realiza.

La posición inicial de las manos en el procedimiento puede variar dependiendo del enfoque escogido, como se indica en la figura 1.

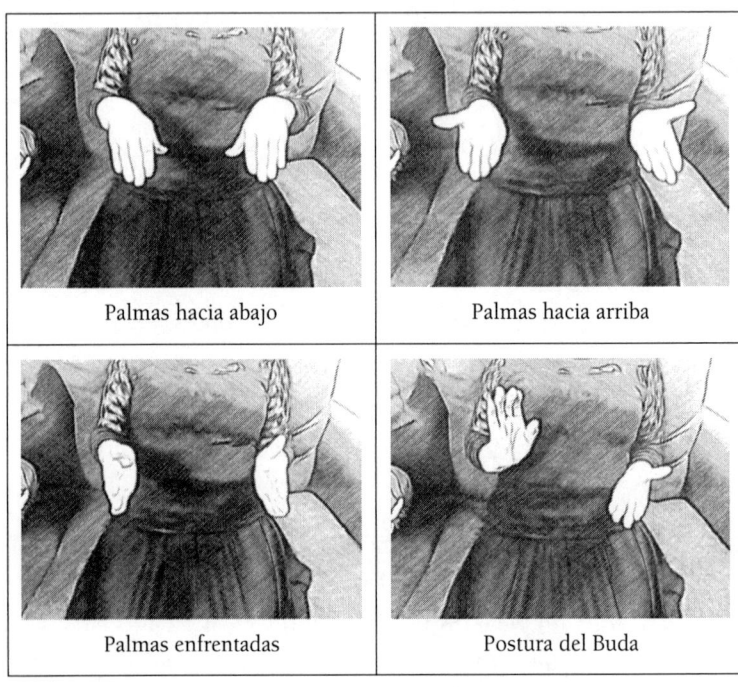

Palmas hacia abajo	Palmas hacia arriba
Palmas enfrentadas	Postura del Buda

Fig. 1. Posición de manos.

El Estadio 1 del Proceso Creativo de 4 Estadios con Reflejo de Manos (Recolección de datos) es el paso en el que hay que recuperar toda la información relacionada con el problema que trae el sujeto. En muchos casos, el sujeto manifiesta no saber cuál es la causa de su problema («no sé qué me pasa...»); otras veces, aunque sea consciente del origen del problema, el sujeto manifiesta no saber cómo solucionarlo («no sé qué hacer...»).

Tratándose de una consulta individual, podemos sentarnos frente a frente con la persona en cuestión, con la intención de modelar las posiciones de las manos y promover los movimientos ideodinámicos y, sin necesidad de una inducción formal de la hipnosis, iniciamos una conversación en la cual le pedimos al sujeto que le permita a su mente subconsciente buscar en su memoria, en sus recuerdos, toda la información que pueda ser útil para trabajar con su problema.

Es muy importante dejarle claro a la persona que el trabajo que va a realizar lo hará de forma totalmente privada; el sujeto no tendrá que comentar nada que no le apetezca, una vez terminado el trabajo. De esta manera, la mente subconsciente se sentirá libre de recuperar esa información con la confianza de que luego no tendrá que verbalizarla, evitando así la represión de recuerdos incómodos o molestos.

Es de esperar que durante este estadio 1 el individuo entre en hipnosis, sin percatarse de ello. Probablemente, aunque no se lo hayamos sugerido, el sujeto habrá cerrado los ojos, porque se sentirá así más cómodo, lo cual permitiremos de forma sutil. Una vez el sujeto haya entrado en hipnosis, pasará al estadio 2 del proceso creativo.

Es en el Estadio 2 (Incubación) cuando se suele percibir el malestar que le produce al sujeto el problema que le trae a la consulta. En muchos casos se puede manifestar con dolor, con llanto. Es el momento duro del proceso, que el hipnólogo manejará utilizando sugerencias que animen al sujeto a continuar con su trabajo («¡Hay que tener valor!… solo durante un momento más…»).

En este momento se le pide a la mente subconsciente del sujeto que busque sus propios recursos internos creativos para resolver el problema, lo que confirmará la persona mediante movimientos ideodinámicos de sus manos sugeridos por el hipnólogo, aunque también se pueden producir movimientos espontáneos.

Encontrar sus recursos creativos será la clave que generará el Eureka necesario que marcará el paso al estadio 3 del proceso creativo.

En el Estadio 3 (Iluminación) el sujeto habrá descubierto ya las posibles soluciones a su problema, que deberá poner en marcha en el mundo real para que el problema se resuelva («¿Qué nuevas posibilidades surgen? ¿Qué cambios positivos debes realizar? ¿Qué debes hacer diferente...?»).

El Estadio 4 (Verificación) ocurre realmente una vez que el sujeto ha salido ya de la hipnosis. Este paso es fundamental, ya que se trata de confirmar la disposición de la persona a poner en práctica las posibles soluciones descubiertas, ya que, de no hacerlo, el problema no se resolvería y se regresaría al bloqueo del estadio 2.

Los movimientos ideodinámicos de manos pueden variar a lo largo del proceso, con una riqueza infinita. A modo de ejemplo, mostramos en la figura 2 la evolución de estos movimientos a partir de la postura inicial de «palmas enfrentadas»:

Sobre la base del Proceso Creativo de 4 Estadios fue que los autores desarrollamos nuestro enfoque hipnótico original metaFour-A®.

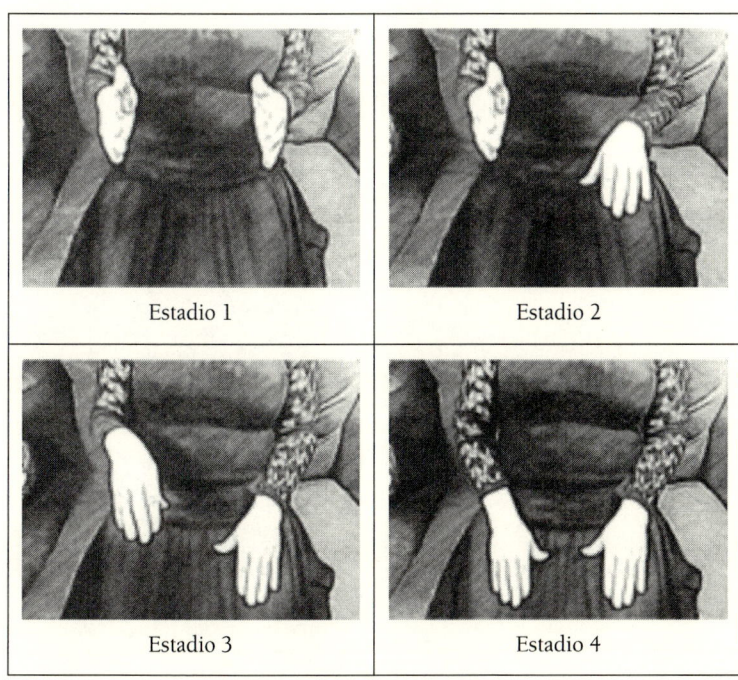

Fig. 2. Estadios del proceso creativo.

CAPÍTULO 3
El desarrollo y la práctica de metaFour-A®

La energía sexual, la sensualidad, es un impulso como una fuente de agua inagotable, es una vibración en espera constante a que vayas a recogerla, a que te sumerjas en su orilla o en su profundo mar u océano. Cuando descubres las rutas que te llevan a ella compruebas que de ese éxtasis no vas a prescindir jamás y las visitas serán cada vez más sorprendentes, como los caminos nuevos por descubrir. El gran secreto de la energía sexual es utilizarla en todos tus propósitos, proyectos para utilizar la ruta de esa vibración, ese canal de desear intensamente y con esa seducción poder llegar al clímax del éxito de lo que te propongas en la vida.

Después de diez años utilizando el protocolo de Rossi, y viendo el potencial tan grande de la técnica, los autores pensamos en la posibilidad de utilizar el protocolo dentro de una situación metafórica acorde con el problema que el sujeto querría resolver. El contarle a la persona una «historia» en la que el sujeto transcurriera por los cuatro estadios del proceso creativo, sin percatarse de ello, facilitaría la consecución del objetivo buscado, la resolución del problema. Las metáforas pueden ser elegidas en función del problema, ya sea resolución de conflictos, resolución de problemas en general, control de estrés, etc., aunque cada una de las situaciones metafóricas se puede utilizar también para objetivos diversos.

Como dijimos en *Hipnosis y la Biología del Bienestar*:

> «*metaFour-A® fue desarrollado, en principio, pensando en las personas sin patologías, para la reducción del estrés, la resolución de problemas cotidianos, el crecimiento personal y el desarrollo de la creatividad; lo concebimos como una forma de entrenamiento mental que pretendíamos convertir en un hábito saludable, en una forma de vida. Sin embargo, no cabe duda de que médicos y psicólogos podrían utilizarlo también como adyuvante en sus terapias con pacientes. Al igual que la hipnosis clásica, metaFour-A® podría conseguir que el paciente alcanzase el objetivo terapéutico con mayor facilidad. Además, nuestro método podría tener otras múltiples aplicaciones, por ejemplo, en la prevención de la enfermedad, y no está demás mencionar la importancia que podría tener para la sanidad pública la posibilidad de reducir la carga asistencial si las personas aprendieran a utilizar herramientas para el mantenimiento de su salud*».

Llamamos la atención sobre el hecho de que consideramos que la elección del enfoque hipnótico es crucial. Sabemos que con otros enfoques se podría conseguir resultados similares a los que obtenemos con metaFour-A®, sin embargo, estos resultados se conseguirían de una forma espontánea y aleatoria, mientras que con metaFour buscamos y pretendemos alcanzar un objetivo concreto predeterminado.

Además, en este caso específico, en el que sugerimos la utilización de metaFour para el desarrollo de la creatividad sexual, adquiere una importancia fundamental el hecho de que el trabajo realizado por los sujetos sea totalmente privado, una de las características principales de metaFour-A®. Esa certeza liberará a la mente subconsciente para que su desempeño no sufra algún tipo de represión.

El inicio de la práctica de metaFour puede presentar alguna aparente dificultad, dependiendo del grado de hipnotizabilidad de las personas. Sin embargo, afirmamos que el 90 % de las personas lo conseguirán con facilidad con el debido entrenamiento.

Como consideramos metaFour como una 'gimnasia mental', mientras más lo practiquemos, mejores resultados conseguiremos, al igual que ocurre con cualquier tipo de entrenamiento físico. Es cuestión de ponerse en marcha y ponerle empeño.

Decíamos en nuestro libro anterior que, cuando se sugiera la visualización de una escena, es muy importante que la persona haya comprendido que no hace falta que «vea» lo que se sugiere, como si lo viera con los ojos de la consciencia, sino que basta con que «imagine» la escena. Todos tenemos la capacidad de imaginar lo que queramos; sin embargo, solo las personas con una hipnotizabilidad media o alta tienen la capacidad de ver imágenes en hipnosis con facilidad, por lo tanto, es importante que expliquemos esto adecuadamente a los sujetos, para que aquellos que no tengan una hipnotizabilidad por encima de la media no se sientan luego decepcionados por «no haber visto» lo que se ha sugerido durante la sesión.

Capítulo 4

Sexualidad lúdica

*Como un discurrir tenue de luz que atraviesa la cortina em-
piezan tus caricias iluminando las paredes de mi piel interna… ¡Sin prisas por favor! El almacén profundo de mi
fantasía es infinito y estoy decidiendo con qué quiero jugar
hoy… ¡Sin prisas por favor! Y continúa besando así… no
me decido, pero la luz es cada vez más intensa. ¡Hoy toca
jugar a amar a nuestros dildos favoritos! El rosa, el blanco
o el negro. ¡Sorpréndeme! Sin prisas por favor…*

Evidentemente, para la supervivencia de la especie humana
tiene que haber parejas que mantengan relaciones sexuales
buscando la procreación, pero es fácil intuir que probablemente no sea eso lo que ocurre en la mayoría de los inter-
cambios sexuales, teniendo en cuenta además que un gran
número de ellos ocurren en el entorno de parejas ocasiona-
les o no formalmente estables. Si ese es el caso en las parejas
heterosexuales, en las parejas del mismo sexo el interés reproductivo está claramente separado de la sexualidad.

Para tener actividad sexual, solo hay que tener ganas. En
soledad o en compañía, pero solo hay que tener ganas.

Sin embargo, al ser una energía creadora, la energía sexual
lo puede abarcar todo, desde una vida a la creación de todo lo
nuevo, de todo aquello que se convierte en foco de tus deseos,
ya sean fantasías, sueños, juegos que enriquecen nuestra

sensualidad, que potencian nuestro deseo, la atracción y la culminación de orgasmos cada vez más sorprendentes.

En las parejas estables puede ocurrir que el tiempo de convivencia sumado a las vicisitudes de la vida diaria afecten la calidad de la vida sexual, convirtiéndola en una actividad poco frecuente, hasta cierto punto obligada por la propia vida en pareja, pero sin la pasión del inicio de la relación. Por otro lado, en relación con la autosatisfacción, en especial en el caso de las personas que estén solas, para masturbarse también hay que tener conocimiento y cierto arte, si queremos que la actividad sea plenamente satisfactoria.

El auge de los juguetes para adultos ha promovido quizás una especie de «I+D» personal, en el que sobre todo las mujeres han descubierto infinidad de posibilidades para alcanzar el placer.

Basta con recordar el *boom* de los succionadores, gracias a los cuales las mujeres descubrieron que el clítoris era bastante más de lo que se veía y que los orgasmos vaginales no eran precisamente los más frecuentes o, como se ha sugerido, que los orgasmos vaginales realmente ocurren gracias a la estimulación interna del clítoris.

En el caso de los hombres, la oferta de juguetes se va ampliando a medida que se derrumban otros tabúes, como el del placer anal.

El uso de juguetes aporta una contribución importante para alcanzar el placer, tanto en soledad como en compañía, y la diversidad de herramientas, así como el desarrollo creativo de situaciones figuradas, como la representación de roles, la práctica lúdica del fetichismo o del BDSM, puede enriquecer las relaciones y potenciar la fantasía orientada a la satisfacción sexual.

Luego, ¿se imaginan alcanzando cotas máximas de placer combinando el uso de juguetes sexuales con la autohipnosis mediante nuestro enfoque metaFour-Sex?

CAPÍTULO 5

Pene vs Clítoris

Si lo convenimos tú y yo todo vale en nuestro universo de pasión, deseo y amor, todo vale para ti y para mí en un lenguaje único y perfecto de voces de nuestra piel. Los latidos nuestras vocales, las vibraciones y los espasmos las consonantes, los sudores los cuadernos donde escribimos cada historia loca, apasionada, entre las sábanas. Y el orgasmo… el punto y seguido.

No, no se trata de una guerra de sexos, ni de una competición. De hecho, como dice Valérie Tasso, las mujeres no discuten quién lo tiene más largo y, si lo hicieran con los hombres, algunos se sorprenderían al descubrir que el tamaño medio del clítoris es de 12 centímetros.

Hay mucha literatura escrita sobre el pene, sin embargo, no ocurre lo mismo con el clítoris. Y no deja de sorprender, por ejemplo, que la estructura tridimensional del clítoris fuera descrita hace apenas veinte años. En la edad media se refería a este órgano femenino como «pezón del diablo», afirmando que lo tenían solo las brujas.

Hoy sabemos que, a diferencia del pene que cumple una función triple, micción, reproducción y placer, el clítoris es un órgano con una única función: generar placer en la mujer. Y aunque el pene y el escroto tienen el mismo origen embriológico que el clítoris y la vulva, se ha determinado que solo la parte visible del clítoris tiene alrededor de 8000 receptores sensoriales, el doble de los que posee el pene. Del mismo modo, sabemos que los receptores de placer son escasos en la vagina, encontrándose solo en los primeros centímetros, de ahí la sugerencia de que los orgasmos vaginales e incluso la discutida existencia del Punto G se puedan explicar también debido a la estructura tridimensional del clítoris.

Hace solo una generación era vergonzoso hablar del clítoris. No se hablaba, de hecho. Por eso no deja de ser «satisfactorio» que los jóvenes del siglo XXI hayan empezado a hablar con naturalidad de él como lo que es, el órgano para el placer de la mujer por excelencia.

Hoy hay toda una investigación dedicada al desarrollo de juguetes sexuales para el estímulo de este órgano sexual. Succionadores, estimuladores sónicos, varas masajeadoras y vibradores diversos han sido diseñados específicamente para la estimulación del clítoris.

Y, como ya hemos sugerido, una de las prácticas de metaFour-Sex es una propuesta en la que el uso de los juguetes sexuales se realizaría en autohipnosis, llevando de esa manera el placer a niveles nunca antes alcanzados.

metaFour-Sex

Dime lo que quieres sin límites, dime lo que deseas en este instante, dímelo todo sin palabras, como si nos hubiéramos quedado mudos y necesitáramos explicarlo todo, solo muévete, mírame, bésame, apriétame, sube, baja o da la vuelta ¡shss! ¡No se puede hablar! Y cuando el volcán del placer estalle solo vale gritar y que me mires para grabar en mi memoria la imagen más bella de tus ojos llenos de felicidad.

Si la creación de metaFour estuvo orientada al mantenimiento de la salud, el crecimiento personal y el desarrollo de la creatividad, ¿qué mejor aplicación de nuestro método que la creatividad sexual?

Nuestra propuesta se centra en el uso de las situaciones metafóricas sugeridas con el objetivo de alcanzar el máximo placer sexual. En hipnosis, las barreras del tiempo y del espacio desaparecen, así como se convierten en accesibles los sueños y las fantasías que difícilmente se realizarían en lo que consideramos «el mundo real». Porque ocurre que cuando estamos en hipnosis lo que imaginamos se convierte en nuestro mundo real. Al igual que en los sueños, desaparece la distinción entre realidad y fantasía que suele ser clara cuando estamos en vigilia.

En hipnosis, por ejemplo, podríamos tener un intercambio con una actriz o un actor que admiramos, sin el riesgo de que dicho famoso nos ponga una orden de alejamiento. Si lo hacemos en pareja, podríamos imaginarnos en una playa de una isla paradisíaca desierta o, si apuramos, en un planeta tan extraño como confortable. Recordemos que la imaginación no tiene límites, solo los que indique la salud y el consentimiento, si lo hacemos en compañía.

Sin tener experiencia en BDSM, en hipnosis podríamos tener un encuentro con nuestra pareja en una mazmorra en la que podríamos ser atados, sin sufrir luego las consecuencias físicas correspondientes. Todo es posible, todo es factible. Como ya hicimos en nuestro primer libro, solo tendremos que grabar con nuestra propia voz alguna de las metáforas sugeridas en la segunda parte de este libro para poner en práctica metaFour-Sex (¡Importante! No grabar lo que esté entre paréntesis).

Una vez finalizada la experiencia hipnótica, estaremos en la mejor disposición para culminarla en lo que llamamos el mundo real. Lo ideal para realizar metaFour-Sex sería que, de forma individual, en pareja o en grupo, se reprodujera el audio grabado de la metáfora elegida, según el objetivo propuesto, y que una vez el audio hubiera acabado nos dispusiéramos a culminar dicha experiencia con la práctica sexual que nos apeteciera.

Así que, pongámonos manos a la obra.

Segunda
parte

Aplicaciones prácticas de metaFour-Sex

(Para facilitar la entrada en hipnosis, los autores solemos utilizar algún tipo de inducción hipnótica. Recomendamos comenzar la grabación de audio de cada una de las metáforas con la siguiente inducción) Ahora te mantienes de pie, en una posición erguida… puedes cerrar los ojos, si lo deseas… inhala profundamente por la nariz… y exhala por la boca… Una vez más, inhala por la nariz… exhala por la boca… Muy bien… En la siguiente inhalación, quiero que imagines que el aire entra por la parte más alta de tu cabeza… se desliza por todo tu cuerpo… y exhalas por los extremos de los dedos de las manos y los pies… Una vez más… inhalas por lo más alto de tu cabeza… y exhalas por los extremos de los dedos de las manos y los pies… Inhalas… exhalas… Y ese aire que inhalas adquiere un color… el que tu mente subconsciente elija… Inhalas… exhalas… Y ahora, cada vez que respiras, ese aire de color sale de tu cuerpo llevándose todas las toxinas… llevándose todas las preocupaciones… los miedos… los tabúes… Inhalas… exhalas… Muy bien… A continuación, te vas a sentar en el lugar que has escogido…

(pausa)

(Ya puedes continuar con la grabación del guion de la metáfora elegida).

Capítulo 7

Experimentando con metaFour-Sex

(Estadio 1) Colócate en una posición cómoda, en un sofá o en tu cama, lo más sentado posible... Vamos a prepararnos para realizar una experiencia maravillosa... sorprendente...

Eleva tus manos unos centímetros por encima de tu regazo... y vas a poder mantener así tus manos, con las palmas hacia arriba, sin esfuerzo... sin cansancio...

Dale libertad a tu mente subconsciente para que vuele libre por tus pensamientos... por tus sentimientos... por tus deseos más profundos... sin juzgarlos...

Dale libertad a tu mente subconsciente para que busque... para que encuentre... en tu memoria, en tus recuerdos... toda la información que pueda ser útil para ayudarte en la aventura extraordinaria que estás a punto de iniciar...

Y ahora simplemente permítete deslizarte hacia un profundo y agradable estado de relajación... Concéntrate en tu respiración, y observa cómo con cada respiración te deslizas fácilmente, agradablemente, hacia ese profundo estado de trance hipnótico...

Con cada respiración... este agradable estado se hace cada vez más y más profundo... más y más profundo... más y más agradable... Muy bien...

(Estadio 2) Y ahora que te encuentras en este agradable estado, quiero pedirte que utilices el poder de tu imaginación para dar inicio a esta aventura fantástica… La imaginación no tiene límites, ni de tiempo, ni de espacio… Y ahora quiero pedirle a tu mente subconsciente que utilice ese poder de tu imaginación… sin tapujos… Muy bien…

Y cuando tu mente subconsciente esté preparada para realizar esta experiencia, quiero que me lo indique mediante el descenso lento… automático… sin tu ayuda… de una de tus manos… de tal manera que, cuando una de tus manos se pose relajadamente sobre tu regazo, será la señal de que estás en disposición de iniciar esta aventura…

(pausa)

Muy bien… una de tus manos empieza a descender… lentamente… automáticamente…

(pausa)

¡Muy bien! Tu mano reposa relajadamente… Comienza la aventura…

Ahora quiero pedirte que imagines delante de ti… como si se tratara de un holograma, en 3D, una imagen de tu cerebro… Imagina esa imagen flotando delante de ti… translúcida… casi transparente… sin embargo eres capaz de visualizar los surcos de tu corteza cerebral… con colores que van cambiando según la actividad de las diferentes regiones de tu cerebro…

Recuerda que no hace falta que lo veas como con los ojos de la consciencia… basta con que lo imagines… y tu imaginación no tiene límites… ¡Hazlo!… ¡Muy bien…!

Recuerda también que tu trabajo es completamente privado… no tendrás que verbalizar luego nada que no quieras… Es tu trabajo… Es tu deseo…

Ahora quiero que imagines que en el centro de tu cerebro hay una zona especial… como una pequeña esfera brillante…

una región de tu cerebro que representa tu energía sexual... ¡Muy bien...!

Es posible que la energía de esa pequeña esfera se encuentre un tanto comprimida... por las vicisitudes de la vida... Los problemas cotidianos hacen que nuestro deseo sexual se comprima... Sin embargo, hoy estamos dispuestos a trabajar para resolverlo...

Quiero que imagines que alrededor de esa pequeña esfera central hay otras cuatro esferas, también brillantes, a diferentes distancias de la esfera central... y ahora quiero que concentres tu atención en la esfera central, en su brillo, en su energía... es tu energía sexual... Concentra tu atención en ella y empezarás a percibir cómo empieza a crecer, a expandirse... lentamente... y en un tiempo breve empieza a englobar a la primera de las cuatro esferas que la rodean... la más cercana... En esa primera esfera está toda la información relacionada con aquello que ha hecho que tu energía sexual se encuentre comprimida... y, a medida que la esfera de tu energía sexual engloba a la primera de esas cuatro esferas, empiezas a descubrir toda esa información... tus propios recursos creativos... cómo en otros momentos esa energía sexual estaba bajo tu control... ¡Muy bien!

La esfera de tu energía sexual continúa expandiéndose, lentamente... y empieza a englobar a la segunda de las esferas, en la que percibes tu malestar... por esas situaciones, esas circunstancias que hacen que tu energía sexual se encuentre comprimida... Permítete experimentarlo... solo durante un momento más...

Porque quiero pedirle a tu mente subconsciente que utilice toda esta información que ha encontrado para ayudarte a encontrar la solución a tu problema... ¿por qué tu energía sexual no consigue expandirse como deseas...?

(pausa)

(Estadio 3) Y quiero pedirle a tu mente subconsciente que, cuando haya descubierto esa solución a tu problema, me lo indique mediante el descenso lento, automático, de tu otra mano... de tal manera que, cuando tu otra mano se pose relajadamente, será la señal de que lo has conseguido... de que has encontrado esa solución que buscas...

(pausa)

¡Muy bien! Tu otra mano empieza a descender lentamente... y percibes cómo la esfera de tu energía sexual continúa expandiéndose, englobando a la tercera de las esferas que la rodean... la esfera que contiene las soluciones a los problemas que nos atormentan... Y cuando tu otra mano se pose relajadamente, esa tercera esfera de la iluminación habrá quedado totalmente incorporada dentro de la esfera de tu energía sexual... ¡Muy bien...!

(pausa)

¡Bien! Tu mano reposa relajadamente... ¡Lo has conseguido!

(Estadio 4) La esfera de tu energía sexual ya engloba a tres de las cuatro esferas que lo rodean... sin embargo, va a continuar expandiéndose, englobando a la cuarta, la esfera de la verificación, que conseguirá que apliques en el mundo real el descubrimiento que has hecho... y así, esa esfera central llena ahora todo tu cerebro... que brilla con la energía sexual que lo inunda...

Y solo cuando tu mente subconsciente lo considere oportuno... solo cuando tu mente subconsciente considere que has alcanzado el objetivo propuesto para esta experiencia extraordinaria... sentirás ganas de moverte, de estirarte... y abrirás los ojos sintiéndote muy bien... con la satisfacción por haber realizado un trabajo fantástico... con la sorpresa por el nuevo descubrimiento que has hecho... y con la curiosidad por ver el resultado de tu trabajo...

CAPÍTULO 8
La Sala de Control

(Estadio 1) Colócate en una posición cómoda, en un sofá o en tu cama, una posición lo más sentada posible. Puedes utilizar cojines o almohadas... de preferencia con tu cabeza apoyada, para evitar luego cualquier tipo de molestia... Levanta tus manos, y vas a mantenerlas suspendidas en el aire, con las palmas hacia abajo... y podrás mantener tus manos en esa posición sin esfuerzo... sin cansancio...

Ahora, con los ojos abiertos, inspira profundamente... y, cuando exhales, cierra los ojos, y permítete relajarte, permite que todo tu cuerpo se relaje... y esta agradable sensación de relajación alcanza cada nervio, cada músculo, cada fibra... cada una de las células y tejidos de tu cuerpo... llenándote de paz... de relajación...

Te voy a pedir que, con el poder de tu imaginación, imagines que te encuentras en una sala de control, frente a un panel de mandos...

A través de un cristal ves otra sala adyacente, como aquellas en las que se hacen pruebas médicas, en la que hay una camilla, y una persona sobre ella, con unos electrodos conectados a su cabeza...

Te das cuenta de que tú controlas esos mandos... que administran la información que llega a la persona sobre la camilla, a través de esos cables conectados a su cabeza...

Y, súbitamente, te das cuenta de que la persona sobre la camilla eres tú... y te percibes con comodidad... Estás sin ropa alguna… pero no te importa, porque la temperatura de la habitación es ideal para ti…

Entonces, descubres que la parte de ti que se encuentra frente al panel de mandos en esa sala de control es tu mente subconsciente… aquella que es sabia… que sabe todo de ti… aquella que es buena… que quiere lo mejor para ti… Y te sientes bien… porque confías en tu mente subconsciente… Y la parte de ti que se encuentra sobre la camilla, con los ojos cerrados, puede percibir sobre su piel un aire cálido, pero agradable, producto del climatizador de la habitación… y percibes la comodidad de la camilla, mullida, de un material suave y agradable al contacto con la piel…

Puedes escuchar una música suave, relajante, que sale de unos altavoces en la pared… Inclusive hay un aroma en la habitación que te resulta particularmente agradable… Y la parte de ti que se encuentra en la sala de control, tu mente subconsciente, observa que en el panel, entre los numerosos mandos, botones, ruedas y luces indicadoras de la actividad en tu cuerpo, hay cuatro mandos de singular importancia, situados en un lugar destacado del panel de mandos…

El primero de ellos, a la izquierda, es una rueda que se puede regular entre los valores 0 y 5. En este momento marca 0… y el nombre que lees bajo la rueda es «Deseo»… A su derecha, una rueda idéntica… que se puede regular entre 0 y 5… y que ahora marca 0… su nombre es «Excitación»… A su derecha encuentras un pulsador rojo, grande, cubierto por una tapa de plástico transparente, para evitar ser pulsado por accidente, pero cuya tapa tú puedes levantar sin problemas en el momento en que lo consideres oportuno… su nombre es «Orgasmo»… Finalmente, a su derecha se encuentra una rueda similar a las dos primeras, con su indicador de 0 a 5… y que ahora marca 0… su nombre es «Resolución»… Cuatro mandos que tu mente subconsciente conoce muy bien…

Cuando hayas ubicado estos mandos en el panel de control y sientas que estás en disposición para iniciar esta experiencia, quiero que tu mente subconsciente nos lo indique con el descenso lento, automático, sin tu ayuda, de una de tus manos… de tal manera que cuando una de tus manos repose relajadamente será la señal de que es el momento de iniciar esta aventura… yo no sé cuál de tus manos será, sin embargo, tu mente subconsciente lo sabe muy bien…

(pausa de algunos minutos para dar tiempo a que se inicie el proceso)

¡Muy bien!… Tu mente subconsciente nos da la señal de que es el momento… Una de tus manos desciende… Sin prisas, a tu ritmo… Bien, muy bien…

(pausa)

Tu mano reposa relajadamente sobre tu regazo…

(Estadio 2) Ahora, la parte de ti que se encuentra en esa sala de control, tu mente subconsciente, va a dar inicio a esta experiencia novedosa…

curiosa…

sorprendente…

creativa…

Y la parte de ti que se encuentra sobre la camilla puede darle libertad a tu mente subconsciente para que realice este trabajo, de forma privada, utilizando todos los recursos creativos que son tuyos, que son únicos, como lo eres tú…

Si en algún momento sientes alguna incomodidad, por el motivo que sea, bastará con que vuelvas automáticamente a tu lugar seguro… a ese lugar secreto al que nadie puede acceder sin tu permiso, donde podrás descansar, sintiéndote muy bien…

Ahora, tu mente subconsciente mueve la rueda del Deseo, a la posición 1… luego a la posición 2… y sientes cómo el deseo va aumentando en ti… Tu mente subconsciente aumenta el deseo a la posición 3… y decide el nivel máximo de deseo al que vas a llegar… yo no sé si será el 4 o el 5… pero tu mente subconsciente sí lo sabe…

Al mismo tiempo, tu mente subconsciente decide empezar a girar la rueda de la Excitación a la posición 1… y empiezas a percibir esa sensación conocida en tus músculos, en tus nervios… Te sientes bien… Aumenta la excitación a la posición 2… y cada uno de los músculos de tu cuerpo se activa, y cada una de las células de tu piel se siente viva… poderosa… Tu mente subconsciente gira la rueda de la excitación a la posición 3… y sientes cómo tu cuerpo se prepara para un estallido de gozo… Y tu mente subconsciente decide ahora qué nivel de excitación alcanzarás… no sé si será el 4 o el 5… pero tu mente subconsciente lo sabe muy bien…

(Estadio 3) Y te preparas para esa explosión de placer… Levantas la tapa de plástico transparente que cubre el pulsador para el Orgasmo… y cuando tu subconsciente decida que es el momento… ¡Pulsa el botón! ¡Muy bien! ¡Disfrútalo! Es como un castillo de fuegos artificiales… de luces de colores que explotan e iluminan tus pensamientos… tus sentimientos… tus deseos… Y te sientes bien. ¡Muy bien!

(pausa)

Cuando lo hayas hecho, quiero que tu mente subconsciente nos lo indique con el descenso lento, automático, sin tu ayuda, de tu otra mano... de tal manera que cuando tu otra mano repose relajadamente será la señal de que lo has conseguido...

(pausa)

¡Muy bien!... Tu otra mano desciende lentamente... dándonos esa señal... Bien... ¡Muy bien...!

Al mismo tiempo, tu mente subconsciente empieza a girar la rueda de la Resolución, a la posición 1... a la posición 2... y empiezas a sentir una agradable relajación en cada uno de tus músculos... en cada uno de tus nervios... 3... 4... y ¡5!... La sensación es de una relajación total... y sientes la satisfacción por el trabajo bien realizado y por el descubrimiento de las capacidades de tu mente subconsciente para generar placer...

(Estadio 4) Ahora, cuando tu mente subconsciente considere que has alcanzado el objetivo propuesto... cuando tu mente subconsciente considere que vas a poder continuar con esta experiencia, en soledad o con quien tú decidas, en la intimidad de tu dormitorio o donde tú lo desees... podrás abrir tus ojos y prepararte para continuar con esta práctica en ese otro mundo al que solemos llamar «real».

Capítulo 9
En Alfa Centauri

(Estadio 1) (Metáfora pensada para el trabajo en pareja, aunque se puede adaptar sin dificultad a un trabajo individual o de grupo). Siéntense cómodamente en un sofá o si lo prefieren en la cama, pero siempre intentando estar más o menos sentado, con la ayuda de almohadones, procurando que la cabeza esté apoyada.

Ahora puedes cerrar tus ojos, si te sientes más cómodo, cómoda, y quiero que le des libertad a la parte subconsciente de tu mente, para que vuele libre por tus pensamientos, por tus sentimientos, sin juzgarlos... Dale libertad para que busque en tu memoria, en tus recuerdos, toda aquella información que te pueda ser útil para prepararte para esta nueva experiencia, curiosa, sorprendente... Recuerda que el trabajo que vas a realizar lo harás de forma privada... no hace falta que luego verbalices nada que no desees... porque el trabajo es tuyo, las herramientas son tuyas, son únicas... así tu mente subconsciente se sentirá libre para recuperar toda la información que necesites sin reparo alguno...

Concéntrate en tu respiración... y observa cómo con cada respiración te vas deslizando rápidamente, fácilmente, hacia un agradable estado de relajación... Con cada respiración... más y más profundo... más y más profundo... con cada respiración... te deslizas hacia un profundo y agradable estado de trance hipnótico... ¡Muy bien!

Quiero que coloques tus manos suspendidas en el aire… con las palmas hacia arriba… unos centímetros por encima de tu regazo… y vas a poder mantener tus manos en esa posición, sin esfuerzo, sin cansancio… porque vamos a utilizar los movimientos automáticos de tus manos para comunicarnos con tu mente subconsciente…

Ahora quiero que, con el poder de tu imaginación, imagines una escena… La imaginación es poderosa… y no tiene límites… puedes imaginar lo que desees. Quiero que imagines que te encuentras en un planeta similar a la Tierra, en un ambiente paradisíaco… Las plantas y los árboles son desconocidos para ti, sin embargo, te sientes cómodo… Incluso los olores que percibes resultan peculiares, aunque familiares… Puedes ver en la distancia un riachuelo con aguas que a medida que circulan van cambiado sus colores… Te sientes muy bien…

A tu lado se encuentra tu pareja. Inicialmente te llama la atención porque, a pesar de su aspecto humano, presenta algunas particularidades, como un color de la piel peculiar y atractivo… sin embargo, rápidamente te percatas de que tú eres igual… Y te sientes bien… y puedes continuar descubriendo más peculiaridades de esta especie, como avatar de tu propio cuerpo… Y ahora, cuando estés preparado, preparada, para un encuentro sorprendente con tu pareja, quiero que tu mente subconsciente me lo indique con el descenso lento, automático, sin tu ayuda, de una de tus manos… de tal manera que cuando una de tus manos se deposite relajadamente será la señal de que estás en disposición para iniciar esta aventura fantástica… ¡Muy bien!

(pausa)

Tu mente subconsciente empieza a dar esa señal… una de tus manos empieza a descender lentamente… automáticamente… Bien, muy bien…

(Estadio 2) Ahora puedes dar rienda suelta a tu imaginación... te sientes libre... nada te limita... nada te coarta... Eres tú, tu pareja y el poder de la imaginación... Disfruta de esa capacidad sorprendente y maravillosa...

(pausa de unos minutos)

¡Muy bien! Tu imaginación no tiene límites y ahora estás disfrutando de ella... ¡Hazlo! Sin tapujos... sin vergüenza... de forma privada... Nada que temer... nada de lo que avergonzarse... Eres libre para disfrutar, para expresarte de formas que quizá no has podido en esa otra «realidad»... ¡Muy bien!

(pausa)

(Estadio 3) Y cuando tu mente subconsciente considere que has alcanzado el objetivo propuesto, quiero que me lo indique con el descenso lento, automático, sin tu ayuda, de tu otra mano... de tal manera que cuando tu otra mano se pose relajadamente será la señal de que lo has conseguido. ¡Muy bien!

(pausa)

Es sorprendente descubrir la capacidad de tu mente subconsciente para generar esta maravillosa sensación de placer... Tu mente subconsciente empieza a darnos esa señal... tu otra mano desciende lentamente, automáticamente... muy bien...

(pausa de unos minutos)

Tu mente subconsciente está descubriendo cómo disfrutar de una aventura fantástica como esta fácilmente... porque el poder de tu imaginación es ilimitado... ¡Muy bien! Tu otra mano reposa relajadamente, como señal de que lo has conseguido... ¡Y te sientes muy bien!

(Estadio 4) Y cuando tu mente subconsciente lo considere oportuno, sentirás ganas de moverte, de estirarte, y saldrás de este agradable estado con ganas de culminar esta experiencia con tu pareja en esa otra realidad a la que también perteneces...

Capítulo 10
Juguetes

(Estadio 1) Siéntate cómodamente en tu cama y vamos a prepararnos para tener una experiencia sorprendente... Estás en la intimidad de tu habitación y yo no sé si has decidido realizar esta aventura fantástica en soledad, con tu pareja o en grupo... tú decides...

Sin embargo, según lo que hayas decidido, quiero que tengas a mano uno o más de uno de tus juguetes sexuales favoritos... Tenlos a mano porque van a ser parte importante de esta experiencia extraordinaria... Bien... muy bien...

Ahora quiero que te concentres en tu respiración... y que sientas cómo con cada respiración empiezas a deslizarte hacia un profundo y agradable estado de trance hipnótico... con cada respiración... este agradable estado se hace cada vez más y más profundo... más y más agradable... Muy bien...

(pausa)

Con cada respiración... te deslizas hacia un agradable estado de relajación... te sientes bien... y te preparas para realizar una experiencia extraordinaria... sorprendente...

Ahora, con el poder de tu imaginación, quiero pedirte que imagines una escena... no es necesario que «la veas», como si la vieras con los ojos de la consciencia... es suficiente con que «la imagines»... y todos podemos imaginar...

Quiero que imagines que te encuentras en un supermercado... Es una tienda grande y luminosa... la temperatura es agradable… se percibe un aroma agradable a juguetes nuevos y puedes escuchar por los altavoces una música agradable… relajante…

Te pido que eleves tus manos, unos centímetros por encima de tu regazo, con las palmas enfrentadas, como si te prepararas para tomar algo con ellas… y vas a poder mantener tus manos en esta posición… sin esfuerzo… sin cansancio… muy bien…

(Estadio 2) Percibes una agradable sensación de comodidad en esta gran superficie… y de repente descubres que este supermercado es una gran tienda de juguetes sexuales… un *sex shop* fabuloso, con una oferta increíble de artículos para el placer sexual… Quizás algunos de estos artículos te resulten familiares… quizás tengas varios de ellos… pero sin duda hay otros que nunca habías visto directamente.

Hay numerosos departamentos, especializados según las preferencias de los clientes… Hay una zona con artículos para BDSM… otra zona dedicada a succionadores… otra a vibradores… dildos… *plugs* anales… Hay numerosas personas curioseando entre los artículos, sin embargo, nada te perturba, porque cada una de esas personas está inmersa en sus propios pensamientos… como tú…

Y ahora quiero pedirte que, de forma privada, porque la experiencia es exclusivamente tuya, te dirijas hacia uno de los departamentos… el que tú desees… luego no hará falta que comentes nada al respecto, si no lo deseas… tu trabajo es privado… ¡Hazlo! Dirígete hacia la zona que hayas elegido, y empieza a mirar los artículos de tu interés… sin duda, habrá formas, colores, tamaños… lo que tu mente subconsciente haya elegido para ti…

Mira los artículos… y vas a poder elegir uno de ellos… o más de uno, si lo deseas… incluso puedes elegir uno o varios juguetes que ya tengas o hayas probado… puede ser un buen momento para renovarlos… si es preciso, puedes llevar un carrito de la compra… lo que tu mente subconsciente decida… confía en tu mente subconsciente… quiere lo mejor para ti… para tu bienestar… para tu placer…

Y a medida que lo haces, tus manos empiezan a atraerse… como los polos opuestos de un imán… tus manos se atraen como señal del trabajo que estás realizando… de tal manera que cuando tus manos se unan será la señal de que has elegido ya los artículos de tu preferencia… ¡Muy bien!

(pausa)

Tus manos empiezan a acercarse… como atraídas por una fuerza magnética irrefrenable… y cuando se unan será la señal de que has alcanzado tu objetivo… de que has elegido ya los artículos de tu interés…

(pausa)

¡Muy bien…! ¡Lo has conseguido! Tus manos se han unido… y te sientes bien…

(Estadio 3) Ahora, si lo deseas, puedes continuar paseando por este curioso supermercado… y, a medida que lo haces, tus manos se separan y empiezan a descender… lentamente… automáticamente… de tal manera que, cuando tus manos reposen relajadamente sobre tu regazo, será la señal de que has alcanzado el objetivo propuesto en esta experiencia extraordinaria…

Por supuesto, si durante el paseo por los diferentes espacios del supermercado encuentras algún otro artículo de tu interés, puedes tomarlo… sin problemas… Tienes una tarjeta especial que te autoriza a llevarte de la tienda los artículos que te apetezca… sin límites… porque la imaginación no tiene límites…

(pausa)

¡Muy bien! Tus manos descienden, lentamente… y se posan relajadamente sobre tu regazo… ¡Has conseguido tu objetivo…! Te sientes bien…

Yo no sé si alguno de los artículos que has elegido lo tengas ya en el otro «mundo real»… tu mente subconsciente sí que lo sabe… porque sabe todo de ti… sobre tus deseos… sobre tus fantasías…

Ahora puedes salir de este gran supermercado del placer, con esa tarjeta especial que llevas… Voy a contar de 1 a 3… y a la cuenta de 3 te encontrarás de forma instantánea en tu habitación, en tu cama, con tus juguetes… y con unas ganas irrefrenables de probarlos… y ahora lo vas a hacer… 1… 2… ¡3…! ¡Hazlo!

Te encuentras en tu habitación, en tu cama… y ahora puedes estirar tus manos y tomar uno de tus juguetes… y dar rienda suelta a tus fantasías… a tus deseos más íntimos… y vas a sentir un placer como no habías imaginado… ¡Hazlo…! Y voy a darte unos minutos para que disfrutes con total libertad de este momento fantástico…

(pausa de varios minutos)

¡Muy bien…!

(Estadio 4) Y cuando tu mente subconsciente decida terminar con esta experiencia extraordinaria… y solo cuando tu mente subconsciente lo decida… podrás salir de este fascinante estado… y, si lo deseas, continuar en ese otro «mundo real» disfrutando de tus juguetes… en soledad o en compañía… tú eliges…

Y saldrás de este agradable estado sintiéndote muy bien, con la satisfacción por el trabajo que has realizado… con la sorpresa por cada nuevo descubrimiento de las capacidades de tu mente subconsciente… y con la curiosidad por ver cómo este trabajo puede estimular tu creatividad sexual.

Capítulo 11
BDSM

(Estadio 1) Quiero pedirte que coloques tus manos suspendidas en el aire, con las palmas hacia abajo, y vas a poder mantener esta posición sin esfuerzo, sin cansancio... bien... y quiero que le des libertad a tu mente subconsciente para que vuele libre por tus pensamientos, por tus sentimientos, sin juzgarlos... dale libertad para que busque en tu memoria, en tus recuerdos, toda aquella información que pueda ser útil para ayudarte a disfrutar de esta experiencia...

Vas a realizar un trabajo único, extraordinario, privado... según te encuentres en la soledad de tu habitación, o si has decidido tener esta experiencia en compañía... tú eliges... con la seguridad que te brinda el poder de tu imaginación... porque tu imaginación es ilimitada... y la seguridad es total.

Has decidido tener una experiencia BDSM... no sé si ya la has tenido alguna vez en el otro «mundo real», o si es tu primera vez... pero, dentro de la seguridad de tu mente subconsciente, esta experiencia resultará sorprendente... y sin consecuencias físicas de ninguna clase...

(Estadio 2) ¡Muy bien! Ahora quiero que, con el poder de tu imaginación, imagines que te encuentras en una habitación... que puede ser la tuya, o simplemente una habitación en tu imaginación... Permítele a tu mente subconsciente que busque, que encuentre... en tu memoria... en tus recuerdos...

todos aquellos recursos que puedan hacer de esta experiencia algo extraordinario...

La habitación está preparada con cuerdas, ganchos... todos los objetos necesarios para tener una experiencia BDSM fantástica...

Y cuando te sientas en disposición para iniciar esta experiencia, quiero que tu mente subconsciente me lo indique con el descenso lento... automático... sin tu ayuda... de una de tus manos... de tal manera que, cuando una de tus manos repose relajadamente sobre tu regazo, será la señal de que estás preparado, preparada, para iniciar este trabajo...

(pausa)

¡Muy bien...! Una de tus manos empieza a descender, dándonos esa señal... y cuando tu mano repose relajadamente será la señal para iniciar esta aventura...

(pausa)

¡Bien...! Tu mano reposa relajadamente... ha llegado el momento...

Ahora descubres que hay una persona contigo... no sé si es una persona de tu confianza, o si es una persona desconocida... Sin embargo, sientes una seguridad total con esa persona... Tu mente subconsciente te dice que es una persona experta en el arte del *Bondage*... y la sensación de seguridad es completa...

(Estadio 3) Esta persona es la que empezará a atarte, con el arte de las personas expertas, sin causarte daño alguno... Disfruta del momento...

(pausa)

La persona que te acompaña realiza numerosas ataduras... incluso, si lo deseas, puedes pedirle que te suspenda de

alguno de los ganchos del techo… ¡Muy bien…! ¡Disfrútalo…!

(pausa)

Es una experiencia sorprendente… ¡extraordinaria!…
Te sientes bien…

(pausa)

Y, cuando tú lo decidas… cuando decidas finalizar esta
experiencia… quiero que me lo indiques con el descenso lento… automático… de tu otra mano… de tal manera que, cuando tu otra mano repose relajadamente, será la señal para salir de esta experiencia fantástica…

(pausa)

¡Muy bien…! Tu otra mano empieza a descender… lentamente… sin tu ayuda… y, al mismo tiempo, tu ayudante
te hace descender, si estabas en suspensión, y comienza a
soltar tus ataduras… con cuidado… lentamente… y es ahora cuando empiezas a salir de este agradable estado de trance hipnótico…

(Estadio 4) Y cuando tu mente subconsciente considere que
has alcanzado el objetivo propuesto, abrirás tus ojos sintiéndote muy bien… con la satisfacción por el gran trabajo que
has realizado…

Capítulo 12
Anorgasmia

(Estadio 1) A veces, en la vida nos vemos abrumados por las circunstancias cotidianas, de tal manera que cuando quisiéramos prepararnos para disfrutar de nuestra sexualidad, ya sea en soledad o en compañía, nos cuesta librarnos de esas circunstancias, que nos distraen y perturban nuestro intento de alcanzar el placer.

Por eso, ahora quiero pedirte que le des libertad a tu mente subconsciente, para que busque, para que encuentre, en tu memoria, en tus recuerdos, tus propios recursos internos creativos, que son tuyos, que son únicos, para ayudarte a alcanzar tu objetivo.

Para ello, vas a elevar tus manos unos centímetros sobre tu regazo, con las palmas hacia arriba en una postura de petición, y vas a poder mantener tus manos suspendidas en el aire, sin esfuerzo... sin cansancio...

Y a medida que lo haces, concentras tu atención en tu respiración... en cada respiración... y observas cómo te vas deslizando hacia un profundo y agradable estado de relajación... con cada respiración... más y más profundo... más y más profundo... más profundo y más agradable...

(pausa)

¡Muy bien!

(Estadio 2) Ahora te voy a pedir que imagines una escena... No hace falta que la veas como ves las cosas en lo que llamamos el mundo real... Basta con que lo imagines, porque la imaginación no tiene límites...

Quiero que imagines que te encuentras enfrente de un gran edificio... Es un edificio hermoso, diseñado por un gran arquitecto... Sólido... seguro... un edificio inteligente... Lo observas con admiración y orgullo... Además, te resulta familiar... Sin embargo, es el atardecer, y a pesar de que es primavera y la temperatura es agradable, hay algo que te genera inquietud... malestar...

(pausa)

De repente te das cuenta de que en ese gran edificio todas las habitaciones están iluminadas... Te sorprende, porque, sintiéndolo familiar, tu mente subconsciente percibe que no hay necesidad de que todas las habitaciones estén iluminadas...

Y, ahora, en este preciso momento en el que te apetecería jugar con tu sexualidad, alcanzar una satisfacción sexual plena, te resulta difícil hacerlo por esa extraña circunstancia...

Es probable que tu mente subconsciente ya haya descubierto que ese edificio es tuyo... que eres tú... que hay habitaciones relacionadas con tu trabajo... habitaciones que tienen que ver con las relaciones con tus amigos... otras que tienen que ver con tus familiares... Cada una de esas habitaciones tiene relación con alguno de los aspectos de tu vida cotidiana... La salud... el dinero... el amor... Pero hay un gran salón central, que tiene que ver con la sexualidad... con tu satisfacción sexual...

Si tu mente subconsciente lo ha descubierto ya, y está de acuerdo en que no hay necesidad de mantener encendidas las luces de todas esas habitaciones, quiero que me lo indique con el descenso lento, automático, sin tu ayuda, de una de tus manos... Yo no sé cuál de tus manos elegirá; probablemente la parte consciente de tu mente tampoco lo sepa... sin embargo, tu mente subconsciente sabe con claridad cuál de ellas empezará a descender lentamente... sin tu ayuda...

(pausa de unos minutos)

¡Muy bien! Una de tus manos empieza a descender, como señal de que tu mente subconsciente ha descubierto ya que ese edificio eres tú... con su belleza y su complejidad... y que no hace falta tener encendidas todas las luces de cada una de esas habitaciones... bien... ¡Muy bien...! Y cuando tu mano repose relajadamente sobre tu regazo será la señal de que tu mente subconsciente está preparada, dispuesta a utilizar esos recursos internos creativos que son tuyos, que son únicos, para resolver esta situación que te está generando malestar...

(pausa)

¡Bien! Tu mano reposa relajada... tu mente subconsciente dice que sí, que está preparada, que está dispuesta a usar esas herramientas que ha encontrado para afrontar y resolver tu problema...

(Estadio 3) Y ahora vas a hacerlo... No sé si usarás un mando a distancia, un asistente virtual en el móvil, una inteligencia artificial, o simplemente el propio poder de tu imaginación... pero te voy a pedir que, una a una, vayas apagando las luces de todas esas habitaciones que distraen tu atención de lo único que interesa en este momento, tu satisfacción sexual... En otro momento podrás volver a encender esas luces, cuando tú quieras, cuando lo necesites... sin embargo este momento es solo para ti y el disfrute de tu sexualidad... Ahora empieza a apagar las luces de esas habitaciones... una a una...

¡Hazlo…! Vas apagando las luces de las habitaciones relacionadas con el trabajo…

con los problemas económicos…

con los problemas familiares…

una a una… vas apagando esas luces con esas herramientas que has encontrado…

¡Muy bien!

Y cuando hayas terminado de apagar las luces de todas las habitaciones que no necesitas, y solo quede encendido el gran salón relacionado con tu satisfacción sexual, quiero que tu mente subconsciente me lo indique mediante el descenso lento, automático, sin tu ayuda, de tu otra mano… de tal manera que cuando tu otra mano repose relajadamente será la señal de que estás en disposición para dar rienda suelta a todas tus fantasías…

(pausa)

¡Bien! … Tu otra mano empieza a descender… lentamente…

(pausa)

¡Muy bien! Tu mano reposa relajada… tu mente subconsciente dice que lo has conseguido… Has apagado todas esas luces que en este momento son innecesarias… Únicamente queda encendido ese gran salón, en el que ahora puedes satisfacer con plenitud, sin restricción alguna, tus deseos más íntimos…

Y ahora, en este gran salón, permítete hacer realidad, de forma privada, esa fantasía sexual con la que siempre has soñado… ¡Hazlo!

(pausa de varios minutos)

(Estadio 4) Y ahora que lo has conseguido en esta realidad que es tu mente subconsciente, puedes disfrutar de este momento, que luego podrás continuar en esa otra «realidad» que es la vida cotidiana... ¡Muy bien...!

(pausa larga)

Y cuando tu mente subconsciente considere que has alcanzado el objetivo propuesto... cuando tu mente subconsciente lo considere oportuno... podrás salir de este agradable estado, con la mejor disposición para hacer realidad este fantástico sueño hipnótico.

Capítulo 13
Personaje admirado

(Estadio 1) Ahora te voy a pedir que te sientes cómodamente en un sofá, o en tu cama, si lo deseas... y quiero pedirte que le des libertad a tu mente subconsciente para que vuele libre por tus pensamientos... por tus sentimientos... por tus deseos... sin juzgarlos... Dale libertad para que busque, para que encuentre, en tu memoria, en tus recuerdos, tus propios recursos internos creativos... tus propias herramientas... que luego podrás utilizar para llevar a cabo esta experiencia sorprendente... extraordinaria... Muy bien...

Es posible que alguna vez hayas soñado con alguna persona famosa... por su belleza... por su inteligencia... una persona con la que has tenido un sueño erótico... una persona con la que estarías en disposición de tener un encuentro sexual, si tuvieras la oportunidad... sin embargo, en lo que llamamos «el mundo real», esa posibilidad resulta inalcanzable...

En el mundo de los sueños todo es posible... pero los sueños suelen ser aleatorios, incontrolables... una experiencia hipnótica, en cambio, está bajo tu control... y ahora quiero proponerte una aventura maravillosa... Solo hace falta que confíes en la sabiduría de tu mente subconsciente, que conoce todo de ti... tus deseos... tus fantasías... Tu mente subconsciente sabe lo que quieres... y ahora quiero que le pidas que te acompañe en esta aventura... ¡Muy bien!

(Estadio 2) Coloca tus manos suspendidas en el aire, en la posición de palmas enfrentadas… y vas a poder mantener tus manos en esa posición, suspendidas unos centímetros por encima de tu regazo, sin esfuerzo, sin cansancio… Bien… Muy bien…

Quiero pedirle a tu mente subconsciente que, con el poder de tu imaginación, imagine que te encuentras en una fiesta, en una mansión lujosa, al aire libre… al borde de una piscina… estás bailando con un grupo de gente… No los conoces, sin embargo, te sientes bien… es un día soleado… la temperatura es agradable… la música es agradable… percibes el olor del césped que rodea la piscina… te sientes bien…

Y ahora va a ocurrir algo extraordinario… sorprendente… No vas a poder creer lo que ves, pero esa persona famosa con la que has soñado está ahí, en ese grupo de gente… Esa persona famosa con la que en alguno de tus sueños tuviste un encuentro sexual fantástico… está allí… delante de ti…

De repente, esa persona te mira… y se acerca a ti… A medida que lo hace, sientes una fuerte atracción entre tus manos, como si fueran los polos opuestos de un imán… de tal manera que, cuando esa persona haya llegado hasta donde tú te encuentras, tus manos se habrán unido…

(pausa)

¡Muy bien…! Tus manos empiezan a acercarse… como si fueran los polos opuestos de un imán… muy bien… de tal manera que cuando tus manos se unan será la señal de que esa persona que tanto deseas ha llegado hasta ti… ¡Muy bien…!

(pausa)

Tus manos se han unido… dándonos esa señal que le pedíamos… Esa persona famosa está ahora contigo… puedes hablarle… puedes incluso manifestarle tus deseos… ¡Hazlo…! ¡Nada te lo impide! Tu mente subconsciente es sabia…

conoce todo de ti… Y tu mente subconsciente quiere que satisfagas tus deseos… Confía en tu mente subconsciente.

(Estadio 3) Ahora va a ocurrir algo realmente extraordinario, porque esa persona famosa te va a decir que también te desea, desde el momento en que te vio…

Y cuando estés en disposición para iniciar un encuentro sexual maravilloso con esta persona, quiero que tu mente subconsciente me lo indique con el descenso lento, automático, sin tu ayuda, de tus dos manos… de tal manera que cuando tus dos manos reposen relajadamente sobre tu regazo será la señal de que ha llegado el momento…

(pausa)

¡Muy bien…! Tus manos empiezan a descender… automáticamente… y cuando reposen relajadamente será la señal de que ha llegado el momento… tu momento…

(pausa)

Tus manos se posan relajadamente sobre tu regazo… te sientes bien… Y esta persona famosa te invita a una de las habitaciones de esta mansión… Es una habitación maravillosa, como maravillosa será la experiencia que vas a vivir ahora…

Y voy a dejar unos minutos para que disfrutes libremente de esta aventura fantástica… Haz realidad tus deseos, sin tapujos, todo aquello que soñaste ahora se hará realidad. ¡Disfrútalo…!

(pausa)

Sin más límites que los que tu mente subconsciente decida… De forma totalmente privada… realizas todas aquellas fantasías que una vez soñaste… ¡Hazlo!

(pausa de varios minutos)

(Estadio 4) ¡Muy bien…! Y cuando tu mente subconsciente decida culminar esta experiencia… y solo cuando tu mente subconsciente lo decida… sentirás ganas de moverte… de estirarte… y abrirás los ojos… con la satisfacción por haber disfrutado de una experiencia maravillosa… sintiéndote muy bien… con una agradable sensación de relajación… con una agradable sensación de bienestar.

Capítulo 14

Roles y disfraces

(Estadio 1) (Para realizar en pareja o en grupo) Colóquense lo más cómodos posible… Si lo desean, pueden acomodarse sentados en una cama, con almohadones que les permitan apoyar la cabeza.

Siendo esta una experiencia conjunta, es posible que previamente hayan hablado de ella, y se hayan puesto de acuerdo en los roles o los disfraces que hayan elegido para esta ocasión… En otro momento, pueden elegir cambiar de roles o de disfraces, si lo desean… todo queda a su imaginación… a sus deseos… a sus fantasías…

Y ahora quiero pedirles que les den libertad a sus respectivas mentes subconscientes… Cada una de ellas sabe con precisión qué es lo que necesita cada uno de ustedes… Confíen en su mente subconsciente… Confíen en ustedes mismos… Sin duda, será una experiencia extraordinaria…

Porque ahora quiero pedirles que concentren su atención en su respiración… Cada uno de ustedes va a empezar a percibir cómo se desliza, con cada respiración, hacia un profundo y agradable estado de trance hipnótico… muy bien… con cada respiración, te sumerges más y más… en un agradable estado de relajación… más y más profundo… más y más agradable…

Y quiero que eleves tus manos… unos centímetros por encima de tu regazo, porque vamos a utilizar los movimientos automáticos de tus manos para comunicarnos con tu mente subconsciente... muy bien... coloca tus manos con las palmas hacia arriba, y vas a poder mantener tus manos en esa posición... sin esfuerzo... sin cansancio. ¡Muy bien!

(pausa)

(Estadio 2) Y quiero pedirte que le des libertad a tu mente subconsciente... permítele que vuele libre por tus pensamientos... por tus sentimientos... por tus deseos más profundos... por tus fantasías más eróticas...

(pausa)

Pídele a tu mente subconsciente que busque en tu memoria... en tus recuerdos... tus propios recursos internos creativos... tus propias herramientas... que luego podrás utilizar para dar rienda suelta a tus fantasías... a tus deseos... ¡Hazlo...!

(pausa)

¡Muy bien...! Tu mente subconsciente es sabia... conoce cada uno de tus deseos... cada una de tus fantasías... y tu mente subconsciente es buena... quiere lo mejor para ti... para satisfacer esos deseos y fantasías... Confía en tu mente subconsciente... Muy bien...

Y, si ustedes ya han hablado sobre la experiencia maravillosa de la que van a disfrutar, quiero que ahora utilicen el poder de su imaginación... La imaginación no tiene límites... ni en el tiempo, ni en el espacio... cualquier escena, cualquier situación, es posible utilizando el poder de la imaginación... y ahora van a hacerlo...

Quiero que imaginen esa escena de la que han hablado y en la que van a disfrutar de esta experiencia fantástica... ya sea un juego de roles... utilizando disfraces... lo que tu mente subconsciente desee… lo que tu mente subconsciente imagine… sin tapujos… sin vergüenza… ¡Hazlo…! ¡Muy bien! Y cuando te veas en la situación deseada… en la escena que has imaginado… quiero que tu mente subconsciente me lo indique con el descenso lento, automático, sin tu ayuda, de una de tus manos… de tal manera que, cuando una de tus manos se pose relajadamente sobre tus piernas, será la señal de que ya te encuentras en ese lugar, en esa escena, en esa fantasía soñada… ¡Muy bien!

(pausa)

Una de tus manos empieza a descender, dándonos la señal… y cuando tu mano se pose relajadamente, nos indicará que ya estás en el lugar elegido… en esa situación deseada…

(pausa)

(Estadio 3) ¡Muy bien! Tu mano ya reposa relajadamente… Te encuentras en esa escena que has imaginado… te sientes bien… y ahora te voy a dar unos minutos para que des rienda suelta a tu fantasía… sin tapujos… de forma privada… Es tu fantasía… ¡Disfrútala!

(pausa de unos minutos)

¡Muy bien…! Es sorprendente descubrir el poder de tu mente subconsciente para generar una satisfacción sexual como no habías conocido hasta ahora… te sientes muy bien…

(pausa)

Es sorprendente… es extraordinario… y, a partir de este momento, cuando tú lo desees… cuando ustedes lo deseen… podrán volver a tener una experiencia como esta… cambiando los roles… cambiando los disfraces… según sus deseos…

(pausa)

(Estadio 4) Y cuando tu mente subconsciente decida finalizar esta experiencia fantástica, quiero que me lo indique mediante el descenso lento, automático de tu otra mano... de tal manera que, cuando tu otra mano repose relajadamente sobre tus piernas, será la señal de que has culminado esta aventura extraordinaria...

(pausa)

¡Muy bien...! Una de tus manos empieza a descender... lentamente... automáticamente... y cuando se pose relajadamente será la señal de que has culminado esta experiencia...

(pausa)

Tu mano reposa relajadamente sobre tu pierna... y te sientes bien... con la sorpresa por el trabajo extraordinario que acabas de realizar... Y, ahora, cuando tu mente subconsciente lo considere oportuno, sentirás ganas de moverte... y abrirás tus ojos sintiéndote muy bien... con una agradable sensación de satisfacción sexual... Y, si ustedes lo desean, ahora pueden continuar con esta experiencia maravillosa en ese otro «mundo real»...

CAPÍTULO 15

Orgía fantástica

(Estadio 1) (Se puede realizar solo, en pareja o en grupo). Siéntate cómodamente, en un sofá, o en tu cama si lo prefieres. Utiliza almohadones o cojines para tu máxima comodidad... y eleva tus manos, unos centímetros por encima de tu regazo... vas a poder mantener así tus manos... sin esfuerzo... sin cansancio... ¡Muy bien!

Dale libertad a tu mente subconsciente para que vuele libre por tus pensamientos... por tus deseos más ocultos... sin tapujos... sin vergüenza... Esta experiencia es tuya y será como tú y tu mente subconsciente lo decidan... de forma totalmente privada...

Concentra tu atención en tus manos... Quiero que observes cualquier mínimo cambio en la percepción en tus manos, puede ser un cambio de temperatura... da igual frío o calor... puede ser un cambio en el peso de tus manos... da igual que las sientas más pesadas o más ligeras, cualquier cambio es válido... puedes percibir una sensación de hormigueo... o simplemente una sensación agradable de relajación... ¡Muy bien...!

Cuando empieces a sentir ese cambio en tus sensaciones, quiero que voluntariamente eleves tus manos, y las coloques en la posición de palmas enfrentadas... y vas a poder mantener tus manos suspendidas en el aire, sin esfuerzo... sin cansancio... muy bien...

(Estadio 2) Ahora, con el poder de tu imaginación, quiero que imagines una escena… Tu imaginación no tiene límites… no tiene censura… basta que lo desees y puedes imaginar cualquier cosa que tu mente subconsciente haya preparado hoy para ti…

Y hoy has decidido visitar un local de intercambio de parejas… Yo no sé si vas con alguna compañía… o con un grupo de amigos, pero lo cierto es que vais con la mejor intención de disfrutar de una noche extraordinaria.

El local es confortable… hay un agradable aroma en el ambiente, y una música hipnótica de fondo se emite por unos altavoces en las paredes… te sientes bien. La sensación de seguridad es total… solo va a ocurrir lo que tú desees… Tu mente subconsciente es sabia… conoce exactamente tus deseos y fantasías… y ahora, si tu mente subconsciente está de acuerdo en dar inicio a esta experiencia única, quiero que me lo indique mediante el descenso lento, automático, sin tu ayuda, de una de tus manos… de tal manera que, cuando una de tus manos se pose relajadamente, será la señal para dar comienzo a esta aventura fantástica…

(pausa)

¡Muy bien! Una de tus manos empieza a descender… lentamente… automáticamente… y cuando se pose relajadamente será la señal para iniciar esta experiencia…

(pausa)

Bien… ahora una de tus manos reposa relajadamente… la señal que le pedimos a tu mente subconsciente para dar inicio a esta aventura sorprendente… extraordinaria…

(Estadio 3) Tú, tu pareja, o el grupo con el que has venido, están en disposición para dar comienzo a lo que tu mente subconsciente ha preparado hoy para ti… Yo no sé qué es lo que va a ocurrir ahora… pero será únicamente lo que tú desees… de forma privada… Es tu experiencia… es tu fantasía… son tus deseos… sin tapujos… sin censura…

Si lo deseas, pueden pasar a otro ambiente apartado, en el que pueden tener mayor comodidad… un ambiente con camas, sofás, muebles apropiados para tener encuentros sexuales de las más diversas formas… Todo lo que tu mente subconsciente desee… y solo lo que tu mente subconsciente desee… ¡Muy bien!

(pausa de unos minutos)

¡Muy bien…! Tu mente subconsciente es sabia… confía en tu mente subconsciente… quiere lo mejor para ti… para tu placer…

(pausa de unos minutos)

(Estadio 4) Y cuando tu mente subconsciente decida culminar esta experiencia fantástica… solo cuando tu mente subconsciente lo desee… quiero que me lo indiques mediante el descenso lento, automático, de tu otra mano… de tal manera que cuando tu otra mano se pose relajadamente… será la señal de que tu mente subconsciente ha decidido finalizar esta aventura maravillosa…

(pausa)

Muy bien… tu otra mano empieza a descender… lentamente… automáticamente… dándonos esa señal que hemos pedido…

(pausa)

¡Bien! Tu otra mano reposa relajadamente… y puedes empezar a salir de este agradable estado… sintiéndote muy bien… y abrirás tus ojos con una agradable sensación de placer.

Y, si lo deseas, si estuvieras realizando esta experiencia en compañía de tu pareja o con un grupo... ahora podrías continuar con esta aventura fantástica en eso que solemos llamar «el mundo real»... Tú decides...

CAPÍTULO 16

Viaje en el tiempo

(Estadio 1) Ahora quiero pedirte que te coloques en la posición más cómoda posible, con tu cabeza apoyada, para que nada te perturbe, que nada te moleste... Quiero pedirte además que coloques tus manos en la posición de palmas enfrentadas... tus manos están suspendidas en el aire y vas a poder mantenerlas así sin esfuerzo... sin cansancio...

Concentra tu atención en tu respiración... Observa cómo con cada respiración empiezas a deslizarte hacia un profundo y agradable estado de relajación... con cada respiración... te deslizas rápidamente... hacia un profundo y agradable estado de trance hipnótico...

(pausa)

¡Muy bien...! Dale libertad a tu mente subconsciente para que vuele libre por tus pensamientos... por tus sentimientos... sin juzgarlos... Pídele a tu mente subconsciente que busque... que encuentre... tus propios recursos creativos... para hacer de esta una experiencia inolvidable...

Sabes que el poder de la imaginación es ilimitado... sabes que para la imaginación no existen barreras del tiempo o del espacio... y ahora quiero que utilices ese poder de tu imaginación para crear una escena... Quiero que imagines que te encuentras delante de una pequeña nave, parecida a un pequeño helicóptero, pero no tiene hélices... una pequeña nave que, en realidad, es una máquina del tiempo...

una nave que puede atravesar esas barreras del tiempo y el espacio...

Quiero que pienses en un personaje de la historia que te atraiga, con el que te gustaría tener un encuentro sexual... o un personaje mitológico de una época antigua... Si lo deseas, también podrías pensar en un personaje imaginario de una época futura... tú eliges... es tu máquina del tiempo.

(Estadio 2) Teniendo en mente el personaje que hayas elegido, ya sea del pasado, del futuro, o simplemente un personaje imaginario, quiero que subas a esta máquina del tiempo... ¡Hazlo!

Hay un tablero de control, con un teclado, en el que puedes escribir el nombre del personaje con el que deseas tener un encuentro sexual... Si fuera del futuro, puedes escribir la referencia que desees... También puedes fijar la fecha en el tablero de control, si lo consideras necesario... Si lo que deseas es tener una experiencia en el futuro, bastará con esa fecha... tu mente subconsciente es sabia... sabe lo que quieres...

Confía en tu mente subconsciente... conoce todos tus deseos y fantasías... y quiere lo mejor para ti... para tu bienestar... para tu placer...

Y cuando hayas escrito el nombre del personaje o la fecha, en el tablero de control hay un botón rojo, grande, que vas a pulsar para poner en marcha la máquina del tiempo... Voy a contar de 1 a 3, y a la cuenta de 3 vas a pulsar ese botón rojo... 1... 2... ¡3!

¡Muy bien! Si ya has puesto en marcha la máquina del tiempo, quiero que tu mente subconsciente me lo indique con el descenso lento... automático... sin tu ayuda... de una de tus manos… de tal manera que, cuando una de tus manos se pose relajadamente sobre tu regazo será la señal de que ya has llegado a ese momento en el tiempo y el espacio que has elegido…

(pausa)

Bien… tu mano empieza a descender… dándonos esa señal que hemos pedido… y, cuando tu mano repose relajadamente, nos indicará que has llegado…

(pausa)

¡Muy bien! Tu mano se ha posado… Has llegado a tu destino… Sales de la máquina del tiempo y te encuentras en una habitación amplia… acorde con el momento que has elegido… Hay una cama amplia y confortable… con sábanas y mantas que invitan al placer… Todo el mobiliario es acorde con la época en la que te encuentras ahora… ¡Disfruta del momento…! Será una experiencia fantástica…

(Estadio 3) De repente, la puerta de la habitación se abre… y esa persona con la que querías encontrarte entra… Es tal cual la habías imaginado… te sientes bien… sientes que el deseo empieza a aumentar en ti… La persona que has elegido para este encuentro sexual se ve también fantástica… como lo habías soñado…

Y ahora, te voy a dejar unos minutos, para que des rienda suelta a tus deseos… a tus fantasías… sin límites… porque la imaginación no tiene límites… Disfruta del momento, de forma totalmente privada…

(pausa de varios minutos)

Solo cuando tú decidas terminar con esta experiencia maravillosa, quiero que tu mente subconsciente nos lo indique con el descenso lento… automático… sin tu ayuda… de tu otra mano… de tal manera que, cuando tu otra mano repose relajadamente sobre tu regazo, será la señal de que has culminado este viaje fantástico…

(pausa)

¡Muy bien! Tu otra mano empieza a descender lentamente… dándonos esa señal…

(pausa)

Tu otra mano reposa relajadamente… Esta aventura maravillosa ha terminado… Sin embargo, a partir de ahora podrás repetirla cuando tú lo desees… cuando tú lo necesites… con este mismo personaje, o con cualquier otro que tú decidas… ¡Muy bien…!

(Estadio 4) Y cuando tu mente subconsciente lo considere oportuno, sentirás ganas de moverte, de estirarte… y saldrás de este agradable estado sintiéndote muy bien… con la satisfacción por haber culminado esta experiencia sorprendente.

Capítulo 17
Sótano mágico

(Estadio 1) Muy bien, hoy vamos a realizar una experiencia fantástica, sorprendente... y para ello te voy a pedir que te sientes en un sofá o en tu cama, cómodamente, si lo deseas con la cabeza apoyada en almohadones...

Eleva tus manos unos centímetros por encima de tu regazo, con las palmas hacia arriba... y vas a poder mantener tus manos en esa posición, sin esfuerzo... sin cansancio... porque vamos a utilizar los movimientos automáticos de tus manos para comunicarnos con tu mente subconsciente... muy bien...

Quiero que concentres tu atención en tus pies... hasta antes de mencionarlos probablemente no tenías consciencia de la posición de tus pies en el espacio... sin embargo, ahora sabes exactamente cómo se encuentran tus pies, si llevas o no algún tipo de calzado, si sientes calor o frescor... y quizás te sorprenda descubrir cómo esas sensaciones agradables que percibes en tus pies empiezan a convertirse en sensaciones de adormecimiento, de relajación... cada uno de los músculos de tus pies se relaja... y esa agradable sensación de relajación empieza a ascender por tus piernas y cada uno de los músculos de tus piernas se relaja... Esa agradable sensación continúa ascendiendo por tus caderas, por tu torso... y cada uno de los músculos de tus caderas y de tu torso se relaja... ¡muy bien! Y esta agradable sensación continúa ascendiendo por tu cuello, tu cabeza, y se extiende por tus hombros, tus brazos, tus antebrazos y tus manos... y cada uno de los músculos de tu cuerpo se relaja... y te sientes bien... muy bien...

(Estadio 2) Y ahora que te encuentras en este agradable estado, le voy a pedir a tu mente subconsciente que imagine una escena... la imaginación es poderosa... y no tiene límites... Quiero que imagines una casa... la casa de tus sueños... una casa que se va a convertir en tu lugar seguro... un lugar al que, a partir de ahora, podrás volver siempre que quieras... cuando tú lo necesites...

(pausa)

Imagina esa casa, tiene varias habitaciones, salón, cocina, dormitorio... todo lo que siempre has deseado... Incluso, a partir de ahora, cada vez que vuelvas podrás hacer las reformas que tú quieras... simplemente con desearlo... ¡Muy bien!

(pausa)

Sin embargo, ahora te voy a contar un secreto... algo que tu mente subconsciente va a comprender fácilmente... Quiero que te fijes en que, en el salón, hay una puerta... una puerta que da a un sótano... El secreto es que ese sótano es un sótano mágico... Solo tú tienes la llave que da acceso a ese sótano mágico... y nadie puede acceder a él, sin tu permiso...

(pausa)

En ese sótano mágico podrás realizar todas tus fantasías sexuales, en soledad, en pareja o en grupo, lo que tú desees... y lo más fantástico es que cada vez que bajes a ese sótano mágico será diferente, según tus deseos, según tus expectativas...

Y ahora, si estás en disposición de bajar por primera vez a ese sótano mágico, quiero que tu mente subconsciente me lo indique mediante el descenso lento, automático, sin tu ayuda, de una de tus manos.

(pausa)

¡Muy bien…! Una de tus manos desciende lentamente… y cuando se pose relajadamente sobre tu regazo, será la señal de que estás en disposición para bajar a ese sótano mágico… ¡Bien…!

(Estadio 3) Abre esa puerta y desciende por las escaleras… yo no sé qué te ha preparado hoy tu mente subsconsciente… Pero ella sí que lo sabe, para tu disfrute, para tu placer… de forma privada… Confía en tu mente subconsciente… quiere lo mejor para ti…

Ahora voy a dejarte unos minutos para que disfrutes de este momento…

(pausa de varios minutos)

¡Muy bien…!

(Estadio 4) Y solo cuando tu mente subconsciente decida culminar esta experiencia, quiero que me lo indique mediante el descenso lento… automático… sin tu ayuda… de tu otra mano, de tal manera que, cuando tu otra mano repose relajadamente, será la señal de que has completado esta experiencia maravillosa… y abrirás los ojos sintiéndote muy bien… con una profunda e intensa sensación de placer.

Capítulo 18

Pantallas de cine

(Estadio 1) Colócate cómodamente, sentado en un sofá, o si lo prefieres en tu cama... pero de preferencia sentado... Puedes utilizar almohadones, para estar lo más cómodo posible.

Coloca tus manos suspendidas en el aire, con las palmas hacia abajo... y vas a poder mantener así tus manos, sin esfuerzo, sin cansancio, porque vamos a utilizar los movimientos automáticos de tus manos para comunicarnos con tu mente subconsciente...

Ahora quiero que concentres tu atención en tus párpados... Tú sabes que puedes relajar esos ojos de una forma extraordinaria... Tú sabes que puedes relajar esos ojos tan profundamente... que, en el momento en que tú lo decidas, esos párpados simplemente desearán mantenerse cerrados... y, cuando sepas que lo has conseguido, mantén esa relajación en tus párpados... asegúrate de que no se abrirán... y ponlos a prueba... ¡Muy bien!

(el sujeto mantiene los párpados cerrados)

Extiende esta agradable sensación a todo tu cuerpo... a cada uno de tus músculos... a cada uno de tus nervios... Muy bien...

(Estadio 2) Ahora, con el poder de tu imaginación, quiero que imagines una escena... Te encuentras en un autocine... es el atardecer y la temperatura es muy agradable y tu coche es el único que está en este gran autocine… Tu mente subconsciente sabe lo que necesitas… confía en tu mente subconsciente… quiere lo mejor para ti para tu bienestar… para tu placer…

Este es un autocine muy especial… de hecho, no hay una única pantalla, son múltiples pantallas gigantes, en una especie de semicírculo… cómodas de ver…

Las pantallas están proyectando imágenes diferentes a la vez… en todas las pantallas, excepto en la pantalla central, que está en blanco…

Verás con sorpresa que todas las imágenes proyectadas son de los mejores encuentros sexuales que has tenido en tu vida… Puedes ir cambiando tu atención de una pantalla a otra… recordando esos momentos…

(pausa)

Disfruta de la visualización de esos recuerdos… disfruta recordando esos momentos placenteros de tu vida…

(pausa)

Y cuando tu mente subconsciente considere que estás preparado para una aventura extraordinaria, quiero que me lo indique con el descenso lento, automático, sin tu ayuda, de una de tus manos…

(pausa)

Muy bien… una de tus manos empieza a descender… automáticamente… y cuando se pose relajadamente sobre tu regazo, será la señal de que estás preparado, listo… dispuesto a iniciar esta aventura extraordinaria…

(pausa)

¡Muy bien! Tu mano reposa relajadamente, como señal de que estás preparado… dispuesto a realizar un trabajo sorprendente…

(Estadio 3) De repente, tu mente subconsciente descubre el poder de esa pantalla central en blanco... descubre que el mejor encuentro sexual está aún por venir... y ahora vas a crearlo, como director de tu propia película... ¡Hazlo...! Utiliza el poder de tu imaginación para crear un momento extraordinario, en el que tú serás el protagonista... de forma privada... Tú decides...

(pausa)

¡Muy bien! No hay límites para tu imaginación... ¡Hazlo!

(pausa)

Es un encuentro sexual sorprendente... extraordinario... ¡Muy bien!

(pausa de varios minutos)

Disfruta de este momento... sin tapujos... no hay límites para tus fantasías...

(pausa)

Y cuando tu mente subconsciente decida finalizar esta aventura sorprendente... extraordinaria... quiero que me lo indique mediante el descenso lento, automático, sin tu ayuda, de tu otra mano... de tal manera que cuando tu otra mano repose relajadamente, será la señal de que has culminado esta experiencia maravillosa.

Bien... tu otra mano empieza a descender... lentamente...

¡Muy bien...! Tu otra mano reposa relajadamente sobre tu regazo...

(Estadio 4) Y cuando tu mente subconsciente considere que has alcanzado plenamente el objetivo propuesto en esta experiencia extraordinaria... sentirás ganas de moverte, de estirarte... y abrirás los ojos sintiéndote muy bien... con una profunda e intensa sensación de placer.

Capítulo 19

Fiesta de máscaras

(Estadio 1) Quiero pedirte que te acomodes en un sofá, o en tu cama si lo prefieres, pero siempre en una posición sentada, porque vamos a prepararnos para realizar una experiencia sorprendente... extraordinaria...

Y quiero pedirte que le des libertad a tu mente subconsciente para que busque, para que encuentre, tus propios recursos internos creativos... tus propias herramientas... que luego podrás utilizar para llevar a cabo esta aventura fantástica.

Dale libertad a tu mente subconsciente para que vuele libre por tus pensamientos... por tus deseos... sin juzgarlos... ¡muy bien!

Y, a medida que lo haces, percibes que empiezas a deslizarte hacia un profundo y agradable estado de hipnosis... te sientes bien...

Tu mente subconsciente es sabia... conoce todo de ti desde el momento en que naciste... Y tu mente subconsciente es buena... quiere lo mejor para ti, para tu placer... y ahora está buscando, encontrando, esos recursos creativos que luego podrás utilizar para llevar a cabo esta experiencia extraordinaria...

¡Muy bien! Ahora eleva tus manos, en la posición de palmas enfrentadas, unos centímetros por encima de tu regazo... y vas a poder mantener tus manos así, sin esfuerzo... sin cansancio...

(Estadio 2) Quiero pedirte que utilices el poder de tu imaginación... Tu imaginación es poderosa... tu imaginación es ilimitada... y quiero que imagines una escena...

Imagina que te encuentras en el salón de una mansión, que es tu casa... es una noche de fiesta y hay muchos invitados... todos llevan ropajes de época... y máscaras... Habéis decidido jugar con ese recurso... máscaras... detrás de las cuales se puede mantener el anonimato... la privacidad... el secreto...

La gente está muy animada... la música es agradable y la gente está bailando, en parejas, en grupos... Tú has organizado la fiesta y estás disfrutando con el éxito de la reunión... Todos lo están pasando muy bien... Tú lo estás pasando muy bien...

Pero ahora va a ocurrir algo extraordinario... Algo para lo que has preparado esta fiesta... Tus invitados lo saben... y están esperando a tu señal...

Y ahora quiero que tu mente subconsciente nos dé esa señal... Cuando tu mente subconsciente considere que estás en disposición para iniciar esta aventura maravillosa... una de tus manos empezará a descender lentamente... automáticamente... de tal manera que, cuando una de tus manos se pose relajadamente sobre tu regazo, será la señal para empezar esta experiencia extraordinaria...

(pausa)

Muy bien... una de tus manos desciende... lentamente... automáticamente... y cuando se pose relajadamente podrás dar inicio a esta aventura... de forma privada...

(pausa)

¡Muy bien! Tu mano reposa relajadamente... todo está listo... y tus invitados también están deseosos de comenzar...

(Estadio 3) Algunas de las personas invitadas, hombres y mujeres, empiezan a despojarse de sus ropajes... excepto sus máscaras...

Tus invitados continúan bailando... ya desnudos o semidesnudos... manteniendo siempre sus máscaras... y empiezan a interactuar entre ellos... cada vez más y más...

(pausa de varios minutos)

Tu mente subconsciente es sabia... conoce cada uno de tus deseos y fantasías...

Y la fiesta continúa desarrollándose según tus preferencias...

(pausa de varios minutos)

¡Muy bien!

(Estadio 4) Y solo cuando tu mente subconsciente decida que es el momento de finalizar esta reunión extraordinaria, nos lo indicará mediante el descenso lento, automático, de tu otra mano... de tal manera que cuando tu otra mano se pose relajadamente será la señal para culminar esta experiencia... y abrirás tus ojos sintiéndote muy bien... con la satisfacción por haber realizado este evento fantástico... con una increíble sensación de placer.

CAPÍTULO 20

Jacuzzi erótico

(Estadio 1) (Para realizar solo, en pareja o en grupo). Quiero que te sientes cómodamente, de preferencia en un sofá, o en tu cama, pero siempre en una posición sentada, mejor que echada… puedes usar cojines o almohadones para tener la cabeza apoyada, si lo deseas, de la mejor manera posible para sentir esa comodidad necesaria para realizar el trabajo extraordinario que nos hemos propuesto hacer hoy.

Yo no sé si hoy has decidido realizar este trabajo en la soledad de tu habitación… o si has preferido hacerlo con una pareja… o con un grupo… tú eliges… tú decides… el cerebro humano es una máquina maravillosa, capaz de realizar las proezas más fantásticas… y hoy vamos a hacerlo.

Para ello, quiero que coloques tus manos suspendidas en el aire, unos centímetros por encima de tu regazo, con las palmas hacia abajo… muy bien… y vas a poder mantener así tus manos sin esfuerzo, sin cansancio… porque vamos a utilizar los movimientos automáticos de tus manos para comunicarnos con tu mente subconsciente…

Ahora simplemente quiero que concentres tu atención en tu respiración, y quiero que empieces a tomar consciencia de cómo con cada respiración tu cuerpo se relaja, más y más… con cada respiración, tu cuerpo está más y más relajado… es una sensación agradable… con cada respiración… más y más relajado… sientes cómo cada uno de los músculos de tu cuerpo se relaja… ¡Muy bien!

(Estadio 2) Ahora quiero pedirte que le des libertad a tu mente subconsciente, para que vuele libre por tus pensamientos... por tus sentimientos... por tus deseos más fantásticos... por tus fantasías más profundas... La imaginación no tiene límites... y ahora voy a proponerte una experiencia maravillosa... sorprendente... extraordinaria...

Quiero que imagines una escena... el poder de la imaginación es ilimitado... y quiero proponerte que imagines que te encuentras en una mansión, que es tu casa... es un lugar seguro... y en la habitación en la que te encuentras hay un jacuzzi muy grande... caben muchas personas en él. Hoy no sé si has decidido disfrutar de este jacuzzi en soledad, o si has invitado a una o más personas... Es tu experiencia... tú decides...

Y cuando tu mente subconsciente considere que estás en la mejor disposición para iniciar esta aventura extraordinaria, quiero que me lo indique mediante el descenso lento... automático... sin tu ayuda, de una de tus manos, de tal manera que, cuando una de tus manos se pose relajadamente sobre tu regazo, será la señal para iniciar esta experiencia fantástica...

¡Muy bien...! Una de tus manos empieza a descender... lentamente... automáticamente... y cuando tu mano se pose relajadamente, daremos inicio a esta aventura maravillosa...

(pausa)

¡Muy bien...! Tu mano reposa relajadamente sobre tu regazo...

Y ahora, sea en soledad o en compañía, quiero pedirte que te introduzcas en el jacuzzi... la temperatura del agua es óptima... te sientes muy bien... No sé si has decidido usar un traje de baño... o si has prescindido de él... tú eliges...

(pausa)

Sumerges tu cuerpo en el agua atemperada... la sensación es agradable... y descubres que tu mente subconsciente, que es quien ha preparado este fantástico baño, ha añadido al agua flores y sustancias afrodisíacas... Empiezas a percibir ondas de placer provocadas por estas sustancias afrodisíacas...

Puedes empezar a tocar diferentes partes de tu cuerpo... experimentando diversas sensaciones placenteras... ¿qué sientes al tocar tu cuello? ¿qué sientes al tocar tu pecho? ¿qué sientes al tocar tu pelvis? Y, si hubieras decidido tener esta experiencia en compañía, puedes empezar a tocar a tu o tus acompañantes... y, si lo deseas, ellos pueden empezar a tocarte... tú eliges... Continúa disfrutando de este momento...

(pausa de unos minutos)

(Estadio 3) Percibes sensaciones de un placer extraordinario... te sientes muy bien... Ahora voy a contar de 1 a 3, y a la cuenta de 3 vas a sentir como si un rayo de placer entrara en tu cabeza, provocando un orgasmo fantástico... 1... 2... ¡3...! Ese rayo de placer inunda tu cerebro y todo tu cuerpo... ¡Muy bien!

Tu percepción estalla como un castillo de fuegos artificiales... Es una sensación fantástica... maravillosa... ¡Disfruta de ella!

(pausa)

Y solo cuando tu mente subconsciente decida culminar esta experiencia, quiero que me lo indique con el descenso lento, automático, de tu otra mano... de tal manera que cuando tu otra mano repose relajadamente será la señal de has alcanzado el clímax deseado...

(pausa)

¡Muy bien...! Tu otra mano desciende... lentamente... automáticamente... Y cuando repose relajadamente será la señal de que has culminado esta experiencia fantástica...

(pausa)

(Estadio 4) Tu mano reposa relajadamente... has alcanzado el objetivo propuesto... y te sientes muy bien...

Ahora, cuando tu mente subconsciente lo considere oportuno, sentirás ganas de moverte, de estirarte... y abrirás los ojos sintiéndote bien... con una sensación extraordinaria de placer... con la satisfacción por haber conseguido realizar esta aventura sorprendente.

Capítulo 21
Disfunción eréctil

(Estadio 1) Ahora estás en tu cama, más o menos sentado, apoyado en cojines o almohadones... probablemente estés solo, desnudo en la intimidad de tu dormitorio... en cualquier caso te has asegurado de que nadie perturbe tu trabajo... te sientes bien, relajado, tranquilo, preparado para iniciar esta aventura fantástica... coloca tus manos suspendidas en el aire, con las palmas hacia arriba, lo que podrás realizar sin esfuerzo, sin cansancio...

Si lo deseas, puedes cerrar tus ojos... concéntrate en tu respiración... y empieza a percibir cómo con cada respiración te sientes más y más relajado... más y más confortable... con cada respiración... te deslizas agradablemente... fácilmente... hacia un profundo estado de trance hipnótico...

Al mismo tiempo dale libertad a tu mente subconsciente para que busque en tu memoria, en tus recuerdos, todos aquellos pensamientos, sentimientos, que puedan ayudarte a disfrutar de esta experiencia... Dale libertad para que busque, para que encuentre, aquellos recursos internos creativos que son tuyos, que son únicos... esas herramientas que luego podrás utilizar para que esta aventura resulte realmente extraordinaria. Recuerda que el trabajo que vas a realizar es totalmente privado... Es tu trabajo, son tus recuerdos, son tus sentimientos, son tus sensaciones... luego no tendrás que verbalizar nada, si no lo deseas...

Quiero que le pidas a tu mente subconsciente que recuerde las numerosas veces que has tenido encuentros sexuales totalmente satisfactorios… que has tenido erecciones potentes… tu mente subconsciente lo sabe… y sabe exactamente cómo tiene que funcionar tu fisiología para volver a conseguirlo… Confía en tu mente subconsciente… quiere lo mejor para ti…

(Estadio 2) Son muchas las veces que has tenido esas erecciones potentes… incluso, muchas mañanas has despertado descubriendo esa erección involuntaria… y tu mente subconsciente sabe exactamente lo que tiene que hacer para que vuelva a ocurrir… Pídele que busque, que encuentre, esos recursos creativos para volver a conseguirlo… y, a medida que lo hace, quiero que tu mente subconsciente me dé una señal… el descenso lento, automático, sin tu ayuda, de una de tus manos… de tal manera que, cuando una de tus manos repose de forma relajada sobre tus piernas, será la señal de que has encontrado ya esos recursos… esas herramientas que son tuyas, que son únicas… y que luego podrás utilizar para alcanzar tu objetivo…

(pausa)

Muy bien… una de tus manos empieza a descender… lentamente… como señal del trabajo que estás realizando… y cuando tu mano repose de forma relajada será la señal de que has encontrado esos recursos creativos… esas herramientas que luego utilizarás para alcanzar tu meta…

(pausa)

¡Muy bien! Tu mente subconsciente nos ha dado esa señal… estás preparado para iniciar esta experiencia extraordinaria…

Y ahora quiero pedirte que imagines una escena... no hace falta que la veas como con los ojos de la consciencia, basta con que la imagines... porque el poder de tu imaginación es ilimitado... y tu mente subconsciente está preparada, dispuesta a ayudarte a conseguir lo que deseas...

Imagina que alrededor de tu pene tienes una suave banda que lo rodea completamente... el tacto es muy agradable... no sé si es como el algodón, o como la seda... tu mente subconsciente sabe lo que necesitas... permítele que decida cuál es ese material que más te conviene... Esa suave banda envuelve tu pene totalmente, dejando libre el glande... y descubres con sorpresa que en la parte más distal, la que está más cerca del glande, la banda que envuelve tu pene tiene una pequeña anilla...

Ahora quiero pedirte que te relajes completamente... que permitas que cada uno de los músculos de tu cuerpo se relaje, en especial los músculos de tu zona pélvica... Permite que tus músculos se relajen... y percibe cómo la sangre fluye libremente por cada uno de tus vasos sanguíneos... porque ahora vamos a realizar un trabajo sorprendente... extraordinario...

(Estadio 3) Quiero que imagines que atas a la anilla que tiene la banda alrededor de tu pene un pequeño globo de helio... un globo que apenas tiene el helio suficiente como para mantenerse suspendido en el aire... Átalo a la anilla... ¡Hazlo! ¡Muy bien...! El globo se mantiene suspendido en el aire... y tú te sientes cómodo, percibiendo ese pequeño tirón del globo sobre tu pene... Muy bien...

Y, al tiempo que tu mente subconsciente se ocupa de que tu sangre fluya libremente por tus arterias y venas... quiero que concentres tu atención en el globo de helio, porque ahora va a ocurrir algo realmente extraordinario... sorprendente...

quizás la parte consciente de tu mente no entienda lo que ocurre, sin embargo, tu mente subconsciente sabe exactamente lo que tiene que hacer…

Voy a contar de 1 a 3… y, a la cuenta de 3, el globo de helio va a aumentar su tamaño ligeramente… lo justo para elevar de forma cómoda tu pene… lo necesario para que ese pequeño tirón de la suave banda que lo envuelve haga que tu pene se eleve cómodamente… al tiempo que la sangre empieza a fluir hacia él, provocando una erección potente… 1… 2… ¡3! ¡Muy bien! El globo crece ligeramente… provocando ese suave tirón que hace que tu pene se eleve de forma agradable… y así como el globo se hincha, tu pene también lo hace… y te sientes bien… cómodo…

(pausa)

Y, a medida que esto ocurre, tu otra mano empieza a descender lentamente… automáticamente… sin tu ayuda, como señal del trabajo que estás realizando… de tal manera que, cuando tu mano repose de forma relajada, habrás conseguido una erección potente, como habías deseado…

(pausa)

¡Muy bien…!

(Estadio 4) Y ahora que has conseguido la erección que deseabas, puedes elegir continuar en hipnosis y masturbarte… saliendo de este agradable estado en el momento que lo desees… O puedes decidir salir del trance hipnótico ahora y masturbarte en el otro «mundo real»… tú eliges… La experiencia es tuya… y puedes decidir culminarla como te apetezca.

Y, cuando lo hayas hecho, te sentirás muy bien, satisfecho por el gran trabajo que has realizado, dispuesto a repetirlo cuando tú lo desees… cuando tú lo necesites.

CAPÍTULO 22

Vaginismo

(Estadio 1) Muy bien, ahora te encuentras cómodamente sentada en tu cama… con cojines o almohadones, preparada para esta experiencia fantástica. Quiero que coloques tus manos suspendidas en el aire, con las palmas hacia abajo, y vas a poder mantener así tus manos, sin esfuerzo, sin cansancio…

Ahora nadie te perturba… estás en la intimidad de tu dormitorio… y quiero pedirte que le des libertad a tu mente subconsciente para que vuele libre por tus pensamientos, por tus sentimientos, sin juzgarlos… Dale libertad para que recupere toda la información que pueda ser útil para ayudarte a disfrutar de esta experiencia… tu mente subconsciente es sabia… tu mente subconsciente es buena… y ahora está trabajando por tu bienestar… por tu placer… ¡Muy bien!

Dale libertad a tu mente subconsciente para que busque en tu memoria, en tus recuerdos, tus propios recursos internos creativos… esas herramientas que son tuyas, que son únicas… y que luego vas a poder utilizar para resolver aquello que te preocupa…

Tu mente subconsciente sabe lo que necesitas… quiere lo mejor para ti… y ahora está buscando, está encontrando, esas herramientas… esos recursos que son tuyos, que son únicos… y que luego utilizarás para resolver tu problema.

Es posible que la parte consciente de tu mente no entienda lo que está ocurriendo, sin embargo, tu mente subconsciente sabe exactamente lo que necesitas... y ahora está trabajando por tu salud... por tu bienestar... por tu placer...

Y, a medida que tu mente subconsciente va encontrando esos recursos creativos, quiero que nos lo indique mediante el descenso lento, automático, de una de tus manos... de tal manera que, cuando una de tus manos repose relajadamente, será la señal de que has completado esta parte del trabajo... de que has encontrado esas herramientas...

(Estadio 2) Porque ahora estás experimentando malestar... la fisiología de tu organismo no está funcionando de la manera adecuada. Tú sabes que la vagina es elástica, y una vagina relajada está diseñada para la penetración, ya sea de un pene, de un dedo, o de cualquier objeto diseñado para ello... sin embargo, estás experimentando malestar porque tu vagina no ha estado funcionando de la manera adecuada... por ello le estamos pidiendo a tu mente subconsciente que encuentre esos recursos creativos para ayudarte a resolver tu problema... y, a medida que lo hace, una de tus manos desciende lentamente, automáticamente... ¡Muy bien!

(pausa)

Una de tus manos empieza a descender... lentamente... como señal de que tu mente subconsciente está encontrando esas herramientas que son tuyas, que son únicas... y que luego podrás utilizar para resolver tu problema...

(pausa)

¡Muy bien...! Una de tus manos reposa relajadamente... Tu mente subconsciente ha encontrado ya esos recursos internos creativos... No hace falta que la parte consciente de tu mente entienda lo que está pasando... tu mente subconsciente lo sabe muy bien...

(Estadio 3) Porque ahora va a ocurrir algo sorprendente... extraordinario... Quiero pedirte que concentres tu atención en tu respiración y vas a sentir cómo, con cada respiración, cada uno de los músculos de tu cuerpo se relaja... en especial, los músculos de tus caderas, de tu zona pélvica... tus músculos se relajan... y es una sensación muy agradable... Te sientes bien... con cada respiración... más y más... cada uno de los músculos de tu cuerpo se relaja... los músculos de tu zona pélvica se relajan... y te sientes bien...

Ahora quiero que imagines que delante de ti hay una pantalla... puede ser la pantalla de televisión de tu dormitorio, si la tienes, o simplemente una pantalla en tu imaginación... y quiero que, con un mando a distancia, con la mano que ya reposa relajadamente, enciendas esa pantalla...

Te sorprenderá ver en esa pantalla una bella flor... es un capullo de rosa... yo no sé de qué color es, sin embargo, tu mente subconsciente lo sabe muy bien... Es una flor hermosa... un capullo cerrado, lleno de vida, deseoso de abrirse al mundo y disfrutar de él... De hecho, a medida que los músculos de tu zona pélvica se relajan, observas en la pantalla que esa bella flor empieza a abrirse... lentamente... saludablemente...

(pausa)

¡Muy bien! Y a medida que ves esa rosa abrirse, sientes también cómo tu vagina se relaja, abriéndose al mundo... y, a medida que lo hace, tu otra mano empieza a descender, lentamente, automáticamente... de tal manera que, cuando tu otra mano repose relajadamente, será la señal de que tu vagina está lista, receptiva, dispuesta para el placer... Muy bien...

(pausa)

Tu otra mano empieza a descender... lentamente... automáticamente... ¡Muy bien!

(pausa)

Ahora tu otra mano reposa relajada, señal de que lo has conseguido... Quizás percibas la lubricación natural de tu vagina, señal también de que has realizado un trabajo extraordinario...

(Estadio 4) Y puedes elegir continuar en hipnosis y salir en el momento que quieras... o puedes decidir salir ahora de este agradable trance hipnótico... y, ya sea en hipnosis o fuera de ella, puedes, si lo deseas, probar a introducir un dedo en tu vagina... aprovechando esa lubricación natural o usando algún otro lubricante. O quizás prefieras probar con algún juguete que tengas preparado... sin forzar... sin prisas... con el ritmo que tu mente subconsciente prefiera... Es tu experiencia... tú mandas...

CAPÍTULO 23

Eyaculación precoz

(Estadio 1) Siéntate cómodamente en tu cama, apóyate en almohadas o cojines para estar lo más cómodo posible, porque vamos a prepararnos para una experiencia extraordinaria… Quiero pedirte además que eleves tus manos, unos centímetros por encima de tu regazo… en la posición de palmas enfrentadas… y vas a poder mantener tus manos en esa posición… sin esfuerzo… sin cansancio… Muy bien…

Concentra tu atención en tus párpados, y vas a empezar a percibir una sensación de relajación en tus ojos, que hará que los sientas cada vez más y más pesados… más y más pesados… de tal manera que quizás te sientas más cómodo con tus ojos cerrados… ¡Bien! Ahora sientes tus párpados tan pesados que quizás si intentaras abrir los ojos no podrías hacerlo… Muy bien… te sientes muy bien…

(Estadio 2) En estos momentos estás experimentando un malestar, porque algo en tu fisiología no está funcionando de forma adecuada… Es esperado que, en un encuentro sexual, después de unos minutos de excitación y contacto físico sobrevenga el orgasmo y la eyaculación… sin embargo, si con frecuencia la eyaculación ocurre demasiado rápido o incluso antes de la penetración propiamente dicha, eso puede convertirse en un problema… pero es un problema que tiene solución… utilizando el poder de la imaginación…

Y ahora quiero pedirle a tu mente subconsciente que me dé una señal… si está dispuesta a experimentar con el poder de tu imaginación, para poner fin a tu problema, quiero que tu mente subconsciente me lo indique mediante el descenso lento, automático, de una de tus manos… de tal manera que, cuando una de tus manos se pose relajadamente sobre tus piernas, será la señal de que tu mente subconsciente está preparada, dispuesta, para ayudarte a resolver aquello que te preocupa…

(pausa)

Muy bien… una de tus manos empieza a descender lentamente, automáticamente… y, a medida que lo hace, quiero que le des libertad a tu mente subconsciente para que busque en tu memoria, en tus recuerdos, toda aquella información que pueda ser útil para ayudarte a resolver tu problema… Cómo en otros momentos, en situaciones similares, tu fisiología ha funcionado de forma adecuada… Dale libertad a tu mente subconsciente para que busque, para que encuentre, tus propios recursos internos creativos, tus propias herramientas, que luego podrás utilizar para resolver tu problema… Muy bien…

(pausa)

¡Bien! Una de tus manos reposa relajadamente… Ahora podemos iniciar esta experiencia fantástica… porque en hipnosis el tiempo puede transcurrir a la velocidad que nosotros deseemos… la relatividad del tiempo se convierte en hipnosis en una herramienta que podemos manejar a voluntad…

(Estadio 3) Y ahora vamos a iniciar esta aventura extraordinaria… Quiero que imagines que estás viendo una pantalla de ordenador… Imagina que estás viendo una película porno…

da igual si en el otro mundo real no sueles hacerlo, si es el caso, porque en este mundo real que es el de tu imaginación puedes experimentar con cualquier circunstancia novedosa... Quiero que imagines esa película porno, del tipo que te produzca la mayor excitación... Sin embargo, va a ocurrir algo extraordinario con esta película... porque rápidamente te vas a dar cuenta de que en esta película el tiempo transcurre a otra velocidad... el tiempo transcurre más lento, como si fuera una película en cámara lenta, pero solo ligeramente... un ritmo más lento de lo que esperarías... Resulta curioso... sorprendente... pero tu mente subconsciente tiene esa capacidad... puede controlar el tiempo a voluntad...

Y así como el tiempo transcurre a una velocidad menor en la película, percibes que tu grado de excitación también aumenta de una forma más lenta... más controlada... y te sientes bien... porque sientes que recuperas el control sobre todas tus funciones fisiológicas...

Descubres que también puedes controlar tu excitación... hasta el punto de controlar en qué momento ocurrirá tu orgasmo... ¡Muy bien!

Y si ya lo has hecho... si ya has descubierto que puedes controlar el momento en el que decidirás dejarte llevar y experimentar un orgasmo fantástico, quiero que tu mente subconsciente me lo indique mediante el descenso lento, automático, de tu otra mano... de tal manera que cuando tu otra mano repose relajadamente será la señal de que lo has conseguido...

(pausa)

¡Muy bien...! Tu mano desciende lentamente... y cuando se pose relajadamente será la señal de que ya puedes hacerlo... de que puedes controlar a voluntad el momento de tu orgasmo...

(pausa)

Bien… muy bien… Tu mano reposa relajadamente… ¡Lo has conseguido!

(Estadio 4) Y ahora que tienes el control, si lo deseas, puedes salir de este agradable trance hipnótico y dar rienda suelta a tus deseos… o, si lo prefieres, puedes continuar en este estado unos minutos más, aprovechando las capacidades de tu mente subconsciente… de tu imaginación potente… para disfrutar de tus fantasías… de la magia del placer … Y solo cuando tú lo desees, saldrás de este trance hipnótico sintiéndote muy bien… con una agradable e intensa sensación de satisfacción sexual.

Epílogo

En pleno siglo XXI, aún hay personas a las que les ruboriza hablar de sexo. Quizás sea cosa de generaciones y los jóvenes adultos de 2025 tengan menos reparos en hablar de sexualidad.

Por supuesto, no se trata de exponer nuestra intimidad, sino simplemente de hablar de sexo de forma general con la naturalidad con la que hablaríamos de cualquier otro tema.

Y, ya puestos, a muchas personas les cuesta hablar incluso con sus parejas de su propia satisfacción sexual, lo cual constituye en sí un problema. Según los casos, la primera recomendación es acudir a un profesional de la salud, médico o psicólogo, dependiendo de las características del problema.

Sin embargo, abordar una situación de insatisfacción mediante una comunicación adecuada con la pareja podría evitar problemas mayores. Lo que está claro es que el cerebro humano necesita de la novedad, e innovar en nuestra vida sexual en pareja puede ser fuente de estímulos que mantengan viva «la llama de la pasión».

Las formas de innovar pueden ser múltiples y variadas. Aquí os proponemos una herramienta a prueba de fallos, como es la autohipnosis a través de nuestro método original metaFour-A®, en la aplicación que hemos llamado metaFour-Sex.

Dar rienda suelta a nuestras fantasías, sin riesgo alguno, en la seguridad de nuestro dormitorio o donde nos apetezca, en soledad o con nuestra pareja (o con las múltiples posibilidades que uno pueda imaginar). ¿Qué más se puede pedir?

Mundos virtuales, viajes en el tiempo, proezas difícilmente realizables en lo que solemos llamar «el mundo real», pueden conseguirse con facilidad con la práctica de meta-Four-Sex.

Aquellos que ya conocen y han practicado metaFour-A® con eficacia, no tienen más que ponerse manos a la obra.

Y algo muy importante, amable lector, ¿has realizado ya el Test metaFour de creatividad sexual del anexo? Si no, quizás ha llegado el momento de hacerlo.

Confía en tu mente subconsciente. Ahora está al servicio de tu placer.

Lecturas
recomendadas

Atkinson, D., Iannotti, S., Cozzolino, M., Castiglione, S., Cicatelli, A., Vyas, B., Mortimer, J., Hill, R., Chovanec, E., Chiamberlando, A., Cuadros, J., Virot, C., Kerouac, M., Kallfass, T., Krippner, S., Frederick, C., Gregory, B., Shaffran, M., Bullock, M., Soleimany, E., Rossi, A.C., Rossi, K. & Rossi, E. (2010). *A new bioinformatics paradigm for the theory, research, and practice of therapeutic hypnosis.* American Journal of Clinical Hypnosis, 53, 27-46.

Casula, C. (2006). *Jardineros, princesas y puercoespines: Construyendo metáforas.* Alom Editores S.A.

Cuadros, J. (2012). *Variables biológicas en la hipnosis.* En: Pérez Hidalgo, I., Cuadros Fernández, J. & Nieto Castañón, Ch. (Coordinadores). *Hipnosis en la Práctica Clínica. Volumen 1: Técnicas generales.* Madrid: EOS Psicología

Cuadros, J. & Vargas, M. (2009). *A new mind-body approach for a total healing of fibromyalgia: a case report.* American Journal of Clinical Hypnosis, 52, 3-12.

Cuadros, J. & Vargas, M. (2014). *Un diálogo creativo con nuestros genes. Una aproximación a las teorías de Ernest L. Rossi.* En: Pérez Hidalgo, I., Cuadros Fernández, J. & Nieto Castañón, Ch. (Coordinadores). *Hipnosis en la Práctica*

Clínica. Volumen 2: Aplicaciones clínicas. Madrid: EOS Psicología.

Cuadros, J. & Vargas, M. (2018). *metaFour-a®: un nuevo enfoque hipnoterapéutico.* En: Pérez Hidalgo, I., Cuadros Fernández, J., Nieto Castañón, Ch. & Marset Fernández, M. (Coordinadores). *Hipnosis Clínica Avanzada. Manual Internacional.* Madrid: EOS Psicología.

Cuadros, J. & Vargas, M. (2021). *Hipnosis y la Biología del Bienestar: Metáforas como el lenguaje de la Mente-Cuerpo: metaFour-A®.* Madrid: Universo de Letras.

Cuadros, J. & Vargas, M. (2022). *Hipnosis en el manejo de la fibromialgia.* En: Pérez Hidalgo, I., Cuadros Fernández, J., Nieto Castañón, Ch. & Marset Fernández, M. (Coordinadores) (2022). *Hipnosis en el manejo del dolor. Manual Internacional.* Madrid: Aula Magna McGraw Hill.

Erickson, M.H. & Rossi, E.L. (1992) *El hombre de febrero.* Madrid: Amorrortu editores.

Hill, R. & Rossi, E.L. (2018). *The Practitioner's Guide to Mirroring Hands: A client-responsive therapy that facilitates natural problem solving and mind-body healing.* Crown House Publishing.

Pérez Hidalgo, I., Cuadros Fernández, J. & Nieto Castañón, Ch. (Coordinadores) (2012). *Hipnosis en la Práctica Clínica. Volumen 1: Técnicas generales.* Madrid: EOS Psicología.

Pérez Hidalgo, I., Cuadros Fernández, J. & Nieto Castañón, Ch. (Coordinadores) (2014). *Hipnosis en la Práctica Clínica. Volumen 2: Aplicaciones clínicas.* Madrid: EOS Psicología.

Pérez Hidalgo, I., Cuadros Fernández, J., Nieto Castañón, Ch. & Marset Fernández, M. (Coordinadores) (2018). *Hipnosis Clínica Avanzada. Manual Internacional.* Madrid: EOS Psicología.

Pérez Hidalgo, I., Cuadros Fernández, J., Nieto Castañón, Ch. & Marset Fernández, M. (Coordinadores) (2022). *Hipnosis en el manejo del dolor. Manual Internacional.* Madrid: Aula Magna McGraw Hill.

Pérez Hidalgo, I., Cuadros Fernández, J., Nieto Castañón, Ch. & Marset Fernández, M. (Coordinadores) (2025). *Casos clínicos en hipnosis. Manual Internacional.* En prensa.

Rossi, E.L. (2002). *The psychobiology of gene expression: Neuroscience and neurogenesis in therapeutic hypnosis and the healing arts.* New York: W.W. Norton Professional Books.

Rossi, E., Atkinson, D., Blake-Mortimer, J., Iannotti, S., Cozzolino, M., Castiglione, S., Cicatelli, A., Chovanec, E., Hill, R., Virot, C., Vyas, B., Cuadros, J., Kerouac, M., Kallfass, T., Milz, H., Frederick, C., Gregory, B., Bullock, M., Soleimany, E., Rossi, A., Rossi, K. & Stanley Krippner, S. (2012). *The Creative Psychosocial Genomic Healing Experience©: Administration, Rationale, & Research: An Open Invitation to Mind-Body Psychotherapy Clinical &*

Experimental Research https://ernestrossi.com/ernes-trossi/Research%20Group%20Papers/Protocol%20CPG HE%20v1.3.pdf

Rossi, E., Erickson-Klein, R. & Rossi, K. (2010). *The collected works of Milton H. Erickson. Vol. 7. Mind-body healing and rehabilitation*. Phoenix, AZ: The MHE Foundation Press.

Rossi, E. & Rossi, K. (2008). *La nueva neurociencia de la psicoterapia, la hipnosis terapéutica y la rehabilitación: Un diálogo creativo con nuestros genes* (Traducción de Jorge Cuadros) http://ernestrossi.com/documents/librogratis-2.0-r081118.pdf

Tasso, V. (2009). *Antimanual de sexo*. Booket.

Anexo

Test metaFour de creatividad sexual

Por favor, ve respondiendo las preguntas una a una. No las leas antes de tiempo y déjate llevar por lo primero que te venga a la mente. No hay respuestas buenas ni malas. Al final del test es posible que hagas algún descubrimiento que podría potenciar tu imaginación, tu creatividad, tu forma de vivir la sexualidad. Atrévete y disfruta del descubrimiento (*).

General

1. ¿Qué tan de acuerdo o en desacuerdo te sientes respecto de la práctica de la masturbación?

Totalmente de acuerdo	De acuerdo	Ni de acuerdo ni en desacuerdo	En desacuerdo	Totalmente en desacuerdo

2. ¿Qué tan de acuerdo o en desacuerdo te sientes respecto de la posibilidad de atarse como práctica sexual lúdica?

Totalmente de acuerdo	De acuerdo	Ni de acuerdo ni en desacuerdo	En desacuerdo	Totalmente en desacuerdo

3. ¿Qué tan satisfecho/a o insatisfecho/a te sientes respecto del tiempo que tardas en alcanzar el orgasmo?

Totalmente satisfecho	Satisfecho	Ni satisfecho ni insatisfecho	Insatisfecho	Totalmente insatisfecho

4. ¿Qué tan de acuerdo o en desacuerdo te sientes respecto del uso de experiencias sensitivas (plumas, cadenas, esposas, etc.) para facilitar la excitación?

Totalmente de acuerdo	De acuerdo	Ni de acuerdo ni en desacuerdo	En desacuerdo	Totalmente en desacuerdo

5. ¿Qué tan de acuerdo o en desacuerdo te sientes respecto de que las personas tengan relaciones sexuales en tríos o en grupos?

Totalmente de acuerdo	De acuerdo	Ni de acuerdo ni en desacuerdo	En desacuerdo	Totalmente en desacuerdo

6. ¿Qué tan de acuerdo o en desacuerdo te sientes respecto del uso de juguetes sexuales?

Totalmente de acuerdo	De acuerdo	Ni de acuerdo ni en desacuerdo	En desacuerdo	Totalmente en desacuerdo

7. ¿Qué tan de acuerdo o en desacuerdo te sientes respecto de la posibilidad de tener un encuentro sexual inesperado con un personaje famoso?

Totalmente de acuerdo	De acuerdo	Ni de acuerdo ni en desacuerdo	En desacuerdo	Totalmente en desacuerdo

8. ¿Qué tan de acuerdo o en desacuerdo te sientes respecto del juego de roles o el uso de disfraces en un encuentro sexual?

Totalmente de acuerdo	De acuerdo	Ni de acuerdo ni en desacuerdo	En desacuerdo	Totalmente en desacuerdo

9. ¿Qué tan de acuerdo o en desacuerdo te sientes respecto de que las personas mantengan relaciones sexuales en exteriores, con el riesgo de que las vean?

Totalmente de acuerdo	De acuerdo	Ni de acuerdo ni en desacuerdo	En desacuerdo	Totalmente en desacuerdo

10. ¿Qué tan de acuerdo o en desacuerdo te sientes respecto de la posibilidad de ir a un local de intercambio de parejas?

Totalmente de acuerdo	De acuerdo	Ni de acuerdo ni en desacuerdo	En desacuerdo	Totalmente en desacuerdo

11. ¿Qué tan de acuerdo o en desacuerdo te sientes respecto de la posibilidad de observar a otras personas manteniendo relaciones sexuales, sin que lo sepan?

Totalmente de acuerdo	De acuerdo	Ni de acuerdo ni en desacuerdo	En desacuerdo	Totalmente en desacuerdo

12. ¿Qué tan de acuerdo o en desacuerdo te sientes respecto de las personas que tienen un espacio específico para tener encuentros sexuales, en casa o en otro lugar?

Totalmente de acuerdo	De acuerdo	Ni de acuerdo ni en desacuerdo	En desacuerdo	Totalmente en desacuerdo

13. ¿Qué tan de acuerdo o en desacuerdo te sientes respecto de hacer realidad las fantasías sexuales?

Totalmente de acuerdo	De acuerdo	Ni de acuerdo ni en desacuerdo	En desacuerdo	Totalmente en desacuerdo

14. ¿Qué tan de acuerdo o en desacuerdo te sientes respecto de las personas que fantasean con un exhibicionismo lúdico?

Totalmente de acuerdo	De acuerdo	Ni de acuerdo ni en desacuerdo	En desacuerdo	Totalmente en desacuerdo

15. ¿Qué tan de acuerdo o en desacuerdo te sientes respecto de las personas que fantasean con masturbarse con objetos de la naturaleza?

Totalmente de acuerdo	De acuerdo	Ni de acuerdo ni en desacuerdo	En desacuerdo	Totalmente en desacuerdo

16. ¿Qué tan de acuerdo o en desacuerdo te sientes respecto de la posibilidad de utilizar la autohipnosis para experimentar con la sexualidad?

Totalmente de acuerdo	De acuerdo	Ni de acuerdo ni en desacuerdo	En desacuerdo	Totalmente en desacuerdo

17. ¿Consideras importante tener una vida sexual plenamente satisfactoria?

Muy importante	Importante	Moderadamente importante	Poco importante	Nada importante

Personal

1. ¿Con qué frecuencia te masturbas?

Muy frecuentemente	Frecuentemente	De forma ocasional	Rara vez	Nunca

2. ¿Has tenido relaciones sexuales con ataduras, de forma lúdica?

Muy frecuentemente	Frecuentemente	De forma ocasional	Rara vez	Nunca

3. ¿Con qué frecuencia experimentas orgasmos?

Muy frecuentemente	Frecuentemente	De forma ocasional	Rara vez	Nunca

4. ¿Has tenido experiencias sensitivas (plumas, cadenas, esposas) que te hayan resultado excitantes?

Muy frecuentemente	Frecuentemente	De forma ocasional	Rara vez	Nunca

5. ¿Has tenido encuentros sexuales en grupo?

Muy frecuentemente	Frecuentemente	De forma ocasional	Rara vez	Nunca

6. ¿Con qué frecuencia utilizas juguetes sexuales?

Muy frecuentemente	Frecuentemente	De forma ocasional	Rara vez	Nunca

7. ¿Has tenido un encuentro sexual con algún personaje famoso que no conocías?

Muy frecuentemente	Frecuentemente	De forma ocasional	Rara vez	Nunca

8. ¿Has practicado el juego de roles en un encuentro sexual?

Muy frecuentemente	Frecuentemente	De forma ocasional	Rara vez	Nunca

9. ¿Has tenido relaciones sexuales en exteriores, corriendo el riesgo de que te vean?

Muy frecuentemente	Frecuentemente	De forma ocasional	Rara vez	Nunca

10. ¿Has ido a algún local de intercambio de parejas?

Muy frecuentemente	Frecuentemente	De forma ocasional	Rara vez	Nunca

11. ¿Has espiado a alguna persona o personas teniendo relaciones sexuales?

Muy frecuentemente	Frecuentemente	De forma ocasional	Rara vez	Nunca

12. ¿Considerarías importante tener un lugar específico, en casa o fuera de ella, para tener encuentros sexuales?

Muy importante	Importante	Moderadamente importante	Poco importante	Nada importante

13. ¿Tienes fantasías sexuales?

Muy frecuentemente	Frecuentemente	De forma ocasional	Rara vez	Nunca

14. ¿Has fantaseado con el exhibicionismo lúdico?

Muy frecuentemente	Frecuentemente	De forma ocasional	Rara vez	Nunca

15. ¿Has fantaseado con masturbarte con objetos de la naturaleza?

Muy frecuentemente	Frecuentemente	De forma ocasional	Rara vez	Nunca

16. ¿Has utilizado la autohipnosis para tener experiencias sexuales virtuales?

Muy frecuentemente	Frecuentemente	De forma ocasional	Rara vez	Nunca

17. ¿Qué tan de acuerdo o en desacuerdo te sientes respecto de la afirmación «mi vida sexual es plenamente satisfactoria»?

Totalmente de acuerdo	De acuerdo	Ni de acuerdo ni en desacuerdo	En desacuerdo	Totalmente en desacuerdo

(*) ¡Enhorabuena! Has completado el test metaFour de creatividad sexual

Como has visto, tiene dos partes bien definidas.

La primera parte «General» hace un autoanálisis sobre nuestra opinión respecto de diversas posibilidades sobre la sexualidad y las prácticas sexuales.

La segunda parte «Personal» nos dará una medida de cuán cerca o lejos está nuestra práctica sexual habitual de esas posibilidades.

Como dijimos al inicio del test, no hay respuestas buenas ni malas.

El objetivo es que primero reflexionemos sobre lo que son nuestros conceptos sobre la sexualidad, para luego compararlos con nuestra práctica personal. Así podremos valorar si existe coherencia entre ambas y, de no ser así, ¿podríamos plantearnos incluir nuevas actividades en nuestra práctica sexual?

Ver como viables prácticas que no hayamos experimentado implica que tenemos un mundo de posibilidades delante de nosotros. Y si la imaginación y la creatividad se ponen en marcha en tu vida sexual, esta podría ser aún más rica, favoreciendo el juego erótico y la novedad, aumentando de esta manera el disfrute.

metaFour-Sex puede ser la vía para empezar a experimentar. Primero en hipnosis. Luego, ¿quién sabe?

Escaneando este código QR tendrás acceso libre al canal
de metaFour en YouTube y a los vídeos de las metáforas
que se irán grabando tanto del presente libro como
de «Hipnosis y la Biología del Bienestar».

Esta primera edición de
Hipnosis y creatividad sexual,
de Jorge Cuadros y Magali Vargas,
terminó de imprimirse el mes de marzo de dos mil veinticinco.